ro
ro
ro

CHRISTOPHER SLAWIK

ro
ro
ro

HerzRASEN

Die schönsten Beiträge

des Wettbewerbs von

Brigitte
YOUNG MISS

Redaktion und Zusammenstellung
Susanne Koppe

Rowohlt Taschenbuch Verlag

Originalausgabe
Veröffentlicht im Rowohlt Taschenbuch
Verlag GmbH, Reinbek bei Hamburg,
November 2002
Copyright © 2002 by Rowohlt Taschenbuch
Verlag GmbH, Reinbek bei Hamburg
Alle Rechte vorbehalten
Umschlagfoto Knut Gärtner
Umschlaggestaltung Barbara Hanke
Innengestaltung Matrix Typographie & Gestaltung,
Christina Modi / Maren Orlowski, Hamburg
Lithographie Digital + Grafik Werkstatt
Susanne Kreher GmbH, Hamburg
Satz Photina MT PostScript,
QuarkXPress 4.1
Gesamtherstellung Clausen & Bosse, Leck
Printed in Germany
ISBN 3 499 21208 0

Die Schreibweise entspricht den Regeln
der neuen Rechtschreibung.

Herz

INHALT

■ *Vorwort* ■

Der Countdown vor dem ersten Date, ein Kaufhausdiebstahl, die Aufnahmeprüfung zur Schauspielschule, der Tod des Vaters – was den jungen Autorinnen und Autoren zum Thema «Herzrasen» eingefallen ist, ist vielschichtig, originell, spannend, manchmal tieftraurig, dann wieder ironisch und erfrischend humorvoll. Allen gemein ist eines: Die Geschichten sind so überraschend wie die Fotos zum Thema. Und: Sie gehen direkt ins Herz.

Dieser Band versammelt die schönsten Beiträge des mittlerweile dritten großen Kurzgeschichten- und Fotowettbewerbs von Brigitte YOUNG MISS.

Allen, die mitgemacht haben, an dieser Stelle unseren herzlichen Dank. Und nicht den Mut verlieren, erneut teilzunehmen, falls es in diesem Jahr mit einem Beitrag im Buch nicht geklappt hat!

Zunächst viel, viel Spaß und vergnügliche Stunden beim Lesen!

Eure Anne Coppenrath
Chefredakteurin Brigitte YOUNG MISS
und das gesamte YOUNG MISS-Team

PS: Eine Anmerkung in eigener Sache: Uns erreichen ständig Nachfragen, wo und wie man die ersten beiden Bände unserer vorausgegangenen YM-Wettbewerbe kaufen kann. Der erste Band «Was ist Liebe?» ist inzwischen vergriffen. Das zweite Buch «Das Leben steckt voller Überraschungen» bekommt ihr über den Buchhandel (ISBN 3 499 21168 8) oder über das Internet unter www.youngmiss.de.

▪ Hannah Bohle ▪

Als die Götter
das **H**erzRASEN
erfanden

Da lachten die Götter und schlugen sich vergnügt auf die Schenkel. Sie hatten gewettet, wer am schnellsten hundert Tiere erschaffen konnte. Ein Klumpen Organisches war verteilt worden, und *auf die Plätze, fertig, los,* hatte Amor in wilder Euphorie, ohne einen Gedanken an Anatomie und die bislang gültige Gliedmaßentheorie zu verlieren, hundert dünne Würste gerollt und sie als Schlangen auf die Erde geworfen. «Fertig!», hatte er gerufen und die Hände in die Luft geschleudert.

Der Protest war natürlich auf dem Fuße gefolgt. «Die haben ja keine Beine!», hatte Flora von Fauna gerufen. «Wie unfair!» Aber Amor grinste nur, die Spielregeln auf seiner Seite wissend: «Hauptsache, die Tiere bewegen sich und fressen. Sieger!»

Und dann, einen Augenblick später, erkannten die Götter Amors zufälligen Geniestreich. Die dünnen Würstchen erwiesen sich als die allerelegantesten Bewohner der jungen Erde. Geschmeidig, lautlos und schnell glitten sie in ihre zukünftigen Lebensräume. Die Götter waren begeistert. Applaus für den Meister!

Amor, der noch am Waschbecken stand und seine verklebten Handflächen reinigte, deutete mit dem Kopf eine Verbeugung an. «Aber habt ihr das Beste schon gesehen? Sie tragen ihre Gefühle auf der Zunge.»

Da trat unvermittelt Stille ein. Eine Göttin hustete verlegen, und die anderen rutschten unruhig auf ihren Wolken hin und her. Gefühle, das war das falsche Stichwort. Die Götter hatten die Menschen erschaffen und eine erstaunliche Vielfalt an Tieren: große und kleine, dicke und dünne, gestreifte und glatte. Welche mit kurzen Beinen, welche mit langen und jetzt sogar welche ganz ohne Beine. Aber das Wichtigste fehlte den Göttern noch. Die Ausarbeitung der Psychologie und Emotionalität des Menschen.

Allen war klar, wer dafür zuständig war. Aber neben seiner beneidenswerten Intuition, mit der er beiläufig und heute nicht zum ersten Mal die einfachsten und besten Lösungen fand, war Amor auch berühmt für seinen Hang, die Dinge unnötig zu verkomplizieren.

Kleinlaut verzog er sich nun hinter Skarabäus, die ihm schon oft beigestanden und für ihn gesprochen hatte. Doch die Göttin der Gliedertiere, die den Spinnen und Käfern tagein, tagaus Fühlerchen, Flügelchen und Beinchen bastelte, knuffte Amor in die Seite und ermunterte ihn, selbst das Wort zu ergreifen. Es war höchste Zeit, die Dinge anzupacken!

Alle starrten auf Amor.

«Nun ja, werte Kollegen», hob er leise an und zupfte dabei kleine Fetzchen aus einer Wolke, «schon lange zermartere ich mir den Kopf, wie es gelingen könnte, auch den Menschen sichtbare Gefühle zu geben. Doch es will und will mir nichts einfallen. Bei der Katze sträubt sich der Schwanz, wenn sie wütend wird, doch Menschen haben keinen Schwanz. Der Hund bleckt die Reißzähne, doch des Menschen Zähne sind gar zu kümmerlich, als dass sie dadurch Eindruck schinden könnten. Das Fohlen springt umher, wenn es sich wohl fühlt, doch für den Menschen scheint mir dieses Gebaren unangemessen, und ...»

«Dann», wurde Amor plötzlich unterbrochen, «lassen Sie uns doch einmal brainstormen!»

So ein Satz konnte nur von Mr. Chomsky, dem Gott der Sprache, stammen. Mr. Chomsky war der Intellektuelle unter den Göttern und selten um eine Antwort verlegen.

«Starrt mich nicht so an! Brainstormen sagte ich, *you know* – nicht, dass ich die Arbeit alleine tun will. Vielleicht fällt ja Flora von Fauna etwas ein. Schließlich hat sie so vortrefflich Flüsse, Seen, Wälder, Wüsten und Felder miteinander in Einklang gebracht. Sie hat Blumen, Bäume und Blätter in tausenderlei Variation erfunden ...»

«... und das Gras!», grölte Amor, wieder ganz vorlaut, und erntete lautes Gelächter. Die ausgeprägte Leidenschaft von Flora von Fauna für Gras, Gräser, Rasen war schon oft Gegenstand von Diskussionen gewesen. Partout ließ sie sich nicht davon abbringen, jedes auch noch so kleine brache Stückchen Erde, jede Weide, Wiese, Alm – monoton, wie die Götter fanden – mit Gras zu bepflanzen.

«*Silentium*», unterbrach Mr. Chomsky die Aufregung, «*may I interrupt you? Vous savez*, ich habe gerade mit der Erfindung des Chinesischen mehr als genug zu tun, allein die Schriftzeichen ... Trotzdem möchte ich eine kleine *opmerking* machen. Die Gedanken von Herrn Amor sind nicht schlecht, *en détail* noch nicht ganz ausgereift, wie er, *bien sûr*, selbst erkannt hat ...»

«Ich weiß, wie sehr Sie die Sprachen lieben, Sir», fiel ihm Skarabäus ins Wort, «aber bitte, kommen Sie doch zum Punkt!»

«Immer mit der Ruhe, *Mevrouw*», lächelte Chomsky süffisant, «wenn Sie mir den kleinen Ausflug ins Irdische verzeihen mögen: Wir haben alle Zeit der Welt.»

«Wie Sie meinen!», kreischte Skarabäus. Seit sie sich

geweigert hatte, ihre Käfer und Spinnen mit einer von Herrn Chomskys erfundenen Sprachen auszustatten, waren die beiden allergisch aufeinander. Die letzte der erhitzten Diskussionen hatte darin gegipfelt, dass Frau Skarabäus gerufen hatte, es sei besser, nur im Kreis herumzufliegen und zu brummen, als sein Gehirn mit Chomskys unnötiger Grammatik zu belasten. Daraufhin hatte sich Mr. Chomsky tief gekränkt zurückgezogen und trotzig vierzehn verschiedene Fälle für das Finnische konstruiert sowie den trefflichen Ausdruck «jemandem spinnefeind sein» geschaffen.

«*I just wanted to say: Why not!* Warum soll nicht auch der Mensch wie ein Tier seine Gefühle mit den Gliedmaßen ausdrücken? Wenn er nun schon keinen Schwanz hat, warum sollte er nicht vor Freude mit dem Hintern wackeln können?»

«Ganz einfach: weil es albern ist und dämlich aussieht!», zischte Frau Skarabäus leise, aber für alle deutlich hörbar. Silencio, der Gott der Stille, der heute wieder seinem Namen alle Ehre machte, grinste ihr frech und zustimmend zu.

Alle anderen seufzten. So kamen sie nicht weiter.

«Vor Freude könnten die Menschen lachen!», schlug da Amor vor.

«Ja!» Skarabäus klatschte in die Hände. «Und vor Verlegenheit?»

«Erröten!»

«Kälte?», fragte eine andere Göttin.

«Gänsehaut und Zähneklappern!»

«Angst?»

«Auch Gänsehaut und Zähneklappern!»

«Und Magensausen!»

«Traurigkeit?»

«Weinen und Schluchzen!»

«Und Übermut?»

«Kichern!»

Das Eis war gebrochen. Wild riefen die Götter durcheinander und erfanden eine Stimmung nach der nächsten. Doch dann kam der schwierigste Fall: «Liebe – Glück – Aufgeregtheit: Verliebtheit?»

Verliebtheit – das war eine Herausforderung!

Die Götter brauchten nur eine, die letzte, die rettende Idee! In die konzentrierte Stille drang ein kleines, leises Räuspern von Flora von Fauna, die prompt errötete, als sie die erwartungsfrohen Blicke der anderen spürte. Leise, leise flüsterte sie: «Herzrasen?»

Das Göttergelächter, das darauf folgte, war bis zur Erde hören. Auch Amor, der die Idee natürlich selbst gerne gehabt hätte, freute sich.

«Herzrasen», wiederholte er leise und dachte an seinen zukünftigen Job. «Das wird ein Spaß ...»

Iris Gabriel

cHat

Ich sitze im Buero und schrecke kurz auf. Da war doch ein Schatten, der sich in der Glastuere spiegelte. Taeusche ich mich? Ich blicke in die Scheibe, die mich blendet, drehe mich um und sehe ihn — den Mann in Orange, der mit sicheren Schritten, als haette er es einstudiert, das eiserne Gestell hinuntergeklettert.

Ob der wohl Angst hat — darf er ueberhaupt Angst haben?

Mir wuerde das Herz rasen — es rast schon beim Zusehen.

Ich wuerde ihn gern fragen: «Hey, Sie, haben Sie Herzrasen da oben?»

Wohl eher nicht, dafuer sind seine Schritte viel zu sicher und geuebt.

Ich kann ihn nicht fragen, weil es mir peinlich waere.

Aber in diesem Moment beschliesse ich, andere zu fragen.

ERZAEHLT MIR:
WAS IST HERZRASEN ... ✳ ✳ ✳

CHAT: ROB

Herzklopfen, was ist das?

Medizinisch, oder was?

Egal — red einfach.

Vollbremsung bei Tempo 180 auf der Autobahn. In einem Stichwort: existenzielle akute TODESANGST.

Also eher negativ?

Ja. RISIKO, aber anders als beim Achterbahn-fahren oder Bungee- oder Fallschirmspringen, mehr als einfach nur ein Kick. Wenn es vorbei ist, ist es einfach ein unheimlich gutes Gefühl. Dann wirkt der Rest ADRENALIN noch nach. Ist auf jeden Fall eine sehr interessante Empfindung, der Herzschlag ist so kräftig, dass du ihn praktisch im ganzen Körper fühlst. Ich hatte dieses Gefühl letzte Woche auf der Autobahn - ein Unfall ...

Und was ist mit Verliebtsein???

Verliebtsein? Du meinst, in Verbindung mit Herzrasen, oder wie? Das ist meiner Meinung nach nicht Herzrasen, sondern Herzklopfen - ähnlich, aber auf einer sanfteren Ebene. Die typischen SCHMETTERLINGE IM BAUCH HABEN.

(Fortsetzung Seite 39)

ALINA ENZENSBERGER

- *Lia Kindinger* -

Das

FrühSTÜCK

O mein Gott!!! Okay, alles wird gut – ich steeeeerbe!!! Nein, nein, nein!!! Ich muss atmen! Ansonsten kotz ich ihm gleich auf den Schoß – das wär soooo peinlich! Also, bleib jetzt stehen und atme durch. Es ist in Ordnung, du biegst gleich um die Ecke, und er wird da stehen ... Oh, er wird toll aussehen!! Er trägt immer diese Hemden in Rosa, welcher Junge traut sich das schon? Und er hat diese Muskeln, die sich darunter abzeichnen, ich will sie anfassen und schreien: «ICH LIEBE DICH! DU TRÄGST ROSA HEMDEN! NIMM MICH, JETZT!»

Das scheint nicht die beste Art und Weise zu sein, mich zu entspannen. Wenn ich in Ohnmacht falle, das wär ja sooo peinlich!!! Aber, was reg ich mich denn so auf? Er ist doch nur ein Junge, nein, ein *Mensch* wie jeder andere. Ich tu einfach so, als wäre er mein Opa. Mein Opa.

Klar, dass er nicht so was Alltägliches mit mir macht, wie ins Kino zu gehen – nein, *wir* gehen frühstücken! Ha! Hahaha!!! Er ist so klug, er ist so spontan und so anders, und er hat blaue Augen mit einem grünen Rand, und ich liebe ihn! Jaaaaaaaaa!!! Mein Herz wird platzen, *ich* werde platzen. Ich darf nicht so viel essen, auf keinen Fall Eier, sonst wird mir bestimmt schlecht, und dann kotz ich ihm doch auf den Schoß! Was ist, wenn er sich dann gerade bückt, und ich kotz ihm auf den Kopf? Das wär ja noch schlimmer als auf den Schoß!!!

Ach Mann, ich werde nicht kotzen, ich bin cool, und er ist wie mein Opa, wie mein Opa, und ich hatte schon TAUSEND Verabredungen, vor allem zum Frühstücken, kein Problem, alles cool.

Warum starren mich alle an? Wie viel Uhr ist es? Shit, ich komm zu spät! Bestimmt geht er wieder, wenn ich nicht an der Bahn stehe. Jungs warten doch nie auf Mädchen! Obwohl, es ist cool, wenn ich zu spät komme, dann hat er wenigstens nicht das Gefühl, dass heute der wichtigste Tag meines Lebens ist. Und erfährt nicht, dass ich seit Tagen nicht geschlafen habe, sondern hält mich für völlig cool. O mein Gott, ICH DREHE DURCH!!!

Gut, die Bahn war noch nicht da, danke, danke, danke!!! Ob er Blumen mitbringt? Bestimmt nicht, obwohl, er ist so gut erzogen – ich würde sterben!!! Okay, noch mal kurz stehen bleiben, in der Tasche kramen, sich nicht beeilen, Labello auftragen, hochsehen und nett lächeln, ein cooles «Hi!», nicht vergessen zu atmen, NICHT kotzen – und das Herzklopfen einfach ignorieren!!! Ob er das hören kann? Geht das? Ich werd mal meinen Arzt fragen.

Gleich ist er da!

Er … ist nicht da. Die Bahn ist gerade gefahren. Scheiße.

Es ist nicht so schlimm, er hat bestimmt verschlafen, es ist doch erst, ähm, 11.30 Uhr. Viele schlafen noch, wer weiß, wann er gestern ins Bett ist? Vielleicht war er aber auch hier und ist wieder gegangen, als er mich nicht gleich fand. Na toll, ich hätte mich beeilen müssen! Der arme Kerl denkt jetzt bestimmt, ich hätte ihn versetzt, er wird nie wieder mit mir reden. Ich bin so ein Idiot! Ach nein, er hat bestimmt nur verschlafen, die Bahn ist ja erst seit drei Minuten weg, ich warte einfach ein bisschen. Kein Problem.

Vielleicht sollte ich ihn anrufen, ihn wecken. Was ist, wenn er gar keinen Wecker hat? Vielleicht weckt ihn sonst immer seine Mutter, und die ist kurz zum Markt. Das ist es! Ich ruf ihn an! Was aber, wenn er schon wach *ist*? Dann denkt er bestimmt, ich wär total verzweifelt, kann nicht mal fünf Minuten warten, okay, es sind schon fünfzehn Minuten – als gäb's da einen Unterschied, Minuten sind Minuten! Ich warte einfach noch ein bisschen.

Was wird er nur denken, wenn er gleich kommt und ich hier so gelangweilt rumsitze? Andere Mädchen wären schon längst gegangen. Ich tu einfach so, als wäre ich auch gerade gekommen. Wow, Mädchen, du bist so klug! Und nicht vergessen: auch unheimlich cool!!! HA!

Die ... zweite ... Bahn. Fuck. Ich hau ab. Super. Super. SUPER! SUPER!!! Ich kotz gleich. Jetzt könnte ich es wenigstens. Vielleicht ist ihm ja was dazwischengekommen, und er konnte mich nicht anrufen, weil ... ich kein Telefon habe? Aber ich hab doch eins. Sogar Handy.

Vielleicht hatte er ja einen Unfall?

Ach, ich wünsch ihm, er hätte einen! Wenn nicht, dann bring ICH ihn um!!! Scheißkerl!!! Ich hasse Männer!!! Er ist bestimmt schwul, bei *den* rosa Hemden, ich bin wahrscheinlich nur sein Hetero-Alibi. Penner! Ich könnte platzen!!! Scheiße, Scheiße, Scheiße!!! Hätt ich mir doch echt denken können.

Was mach ich denn jetzt? Ich will nicht nach Hause. Hoffentlich begegnet mir niemand. Ich hasse mein Leben. Immer wenn ich jemanden mag, verliebt er sich entweder in meine beste Freundin, oder er sieht mich als den besten Kumpel, der zufälligerweise Brüste hat. Es ist immer dasselbe. Ich wohne in diesem Scheißkaff, wo mich alle kennen, überall die gleichen Leute, ich werde wahrscheinlich immer hier leben. Allein, mit tausend Katzen, obwohl ich allergisch auf Katzenhaare bin. Tolle Zukunft. Ich glaube niemandem mehr, und ich werde mich NIE wieder auf etwas freuen. Nie wieder. Kacke. Ich will nicht weinen ... er ist doch nur ein Kerl ... schwul und ... nicht weinen ... nein ...

Toll, jetzt kommt auch noch unser Postmann vorbei, immer schön lächeln, du hast einfach was im Auge, oder es ist die Katzenhaarallergie. Gott sei Dank, er ist einfach vorbeigefahren.

Toll, nicht mal der Postmann grüßt mich!!! Aaaahhhh! Gott, bitte erschlag mich! Na ja, dann eben nicht.

O mein Gott!!! O MEIN GOTT!!! Da ist er!!! Auf seinem Fahrrad! Und er winkt auch noch ganz unschuldig – der hat sie ja wohl nicht mehr alle!

Moment mal, er fährt über die Straße – zu mir! Was mach ich jetzt? Ich kann ihm ja schlecht vor der Bäckerei ins Gesicht springen, denn dann wäre ich ja eine hysterische Kuh!!! Was ist aber, wenn ich genau *das* bin? Okay, ich bleibe cool, das ist ja meine Spezialität, und ich tu so, als hätte ich unsere Verabredung auch vergessen! Ha!!! Hahaha!!! Wer ist hier hysterisch? Na, wer? Ich jedenfalls nicht.

«Na, verschlafen?»

NEIN, das hätte ich NICHT sagen sollen, jetzt weiß er, dass ich gewartet habe! Ich dummes, dummes Kind!!!

«Ja, total! Der blöde Wecker hat nicht geklingelt, ist mir noch nie passiert! Dabei bin ich gestern extra früh ins Bett!»

ER HAT DOCH VERSCHLAFEN!!! Ich liebe ihn! Er ist wegen MIR früh ins Bett! Er ist ein Gott! Ich fall ihm gleich um den Hals! Wer hätte das gedacht! Der arme Kerl macht sich Vorwürfe! Ich wusste von Anfang an, dass er mich nie versetzen würde! NIE!!! Was für ein herrlicher Tag. Ich sollte ihn beruhigen.

«Ach, ist doch nicht so schlimm, jeder verschläft mal. Und Wecker können echt tückisch sein!»

«Ich weiß – aber gerade heute! Heute wär's echt wichtig gewesen.»

Ich liebe ihn! Endgültig! ICH bin wichtig!

«Mein Trainer bringt mich echt um!»

Sein ... WAS? Sein ... TRAINER? Hat er TRAINER gesagt? Okay, ganz cool bleiben.

«Dein Trainer? Warum denn?»

«Na, heute ist doch Abschlusstraining vor dem Spiel morgen! Das weißt du doch!»

ICH BRING IHN UM! Endgültig! Seit wann weiß ich, wann er sein Scheißtraining mit seiner verblödeten Dorfmannschaft hat? Ich hasse ihn!!! Wie kann er mir nur so etwas antun? Ich liebe ihn doch! O nein! Wie konnte er es nur vergessen? Da wäre es ja noch besser gewesen, wenn er einfach nur

schwul wäre! Ich glaub's nicht! Ich glaub's einfach nicht. Wieso kann ich nicht einfach tot sein? Es ist echt ... o Gott ... NICHT weinen! Doch nicht vor ihm! Nein, bitte nicht ...

«Alles okay? Ich muss los, sonst komm ich ja noch später an. Der Trainer wird mich eh umbringen! Wünsch mir Glück! Tschüss!!!»

Sein Glück kann er sich sonst wohin stecken! Soll der Trainer ihn doch umbringen. Ahhhh!!!

«Ach ja, Nathalie? Ich freu mich schon total auf unser Frühstück nächste Woche – das wird echt toll!»

◄ ◄ **MALTE LOCHSTEDT**

▪ *Marike Frick* ▪

PaSh

Sie heißt Danielle und ist so, wie ihr Name klingt: elegant.
Gestern trug sie Pash-Jeans. Ich hatte das gar nicht gemerkt,
aber sie hat dann Annika davon erzählt und die Stimme dabei
gehoben. Neulich habe ich gesehen, wie sie sich auf dem Klo
die Lippen geschminkt hat. Ich habe meine Hände gewaschen
und die lackierten Nägel versteckt. C&A, 49 Cent, silbergrau.
Danielles Nägel sind rot. Gleichmäßig. Silbergrau sieht einfach blöd aus. Es blättert schon, dabei habe ich mich erst gestern abgemüht.

Meine Mutter sagt, sie kauft mir keine neuen Jeans. Und
schon gar nicht solchen englischen Scheiß. Das wusste ich eigentlich schon vorher. «Du hast doch so viele Sachen», sagte
sie dann noch. Heute morgen habe ich wieder die braune
Cordhose angezogen. Vielleicht merkt Danielle gar nicht, dass
es schon der vierte Tag ist.

Annika sagt, sie kann sich morgens nie entscheiden.
Meine andere Hose liegt schon seit Tagen in der Wäsche,
Mama kommt nicht zum Waschen. Ich habe mir heute die
«Bravo» gekauft, ich hoffe nur, Mama findet sie nicht.
Manchmal schaut sie sich in meinem Zimmer um. Sie will
dann herausfinden, ob ich auch wirklich keine Süßigkeiten
oder irgendwelchen Blödsinn dort horte. Ich mag ihre Ha-
ferflocken nicht. Und Nutella gibt's nur Sonntag. Das ist so,
weil der Konsum uns sonst alle noch kaputtmacht, sagt
Mama.

Heute habe ich «Pash» im Wörterbuch nachgeschlagen, gefunden habe ich nichts.

Ganz hinten in meinem Schrank liegen noch zwei Hosen, die hat Oma mir mal mitgebracht. Mama meint, die sind noch ganz gut und fast wie neu. Wenn ich sie anziehen muss, gehe ich als Erstes aufs Schulklo und krame die Cordhose aus dem Rucksack. Ich schminke mich nicht wie Danielle. Einmal habe ich mich getraut, aber das Rosa sah ziemlich blöd aus. Manchmal sind meine Schuhe vom Matsch ganz dreckig, dann stehe ich kaum auf in der Schule. Ich glaube nicht, dass Danielle jemals schmutzige Schuhe anziehen würde. Ihr Freund heißt Sebastian, ich mag ihn sehr. Ich habe gesehen, wie er sie geküsst hat, und dann hat er hinten an ihre Jeans gefasst, ganz knapp unter das «Pash»-Schild.

In der «Bravo» steht, es ist normal, mit dreizehn noch keinen Freund zu haben. Vielleicht kann ich ab morgen jede Woche mein Taschengeld sparen. Dann kaufe ich mir auch so eine Jeans und einen roten Lippenstift. Den rosafarbenen hatte ich ja nur in einer vermölten Schublade gefunden. Ich weiß nicht, wie ich es finden würde, wenn mich jemand küsst. Was ich mit der Zunge machen soll, weiß ich, es stand alles ganz genau auf Seite 14. Deshalb habe ich sie mir auch gekauft, weil vorne draufstand: «Küssen lernen Schritt für Schritt». Ich will nicht so blöd sein wie Tine von nebenan. Die ist fett und wusste nicht, was sie machen sollte, als so ein Typ ihr die Zunge in den Hals schob. Eigentlich habe ich auch Angst davor. Vielleicht mag ich es ja gar nicht?

Sebastian kann sicher wunderschön küssen. Danielle verdreht immer die Augen, wenn sie vor Mathe davon erzählt, und dann kichert sie. Als wäre ihr jetzt noch ganz schwindelig. Ich weiß, dass Danielle immer in die Disko geht, von Tine, sie hat sie dort gesehen. Was die da will, frage ich mich, mit ihrem dicken Hintern? Ich will auch nicht, dass sie immer mit mir zur Schule geht, das sieht so blöd aus, die Dicke und die Langweilige. Lieber wäre es mir, wenn Danielle mal mit mir reden würde. Neulich habe ich geträumt, dass sie mich küsst, einfach so, mitten auf den Mund. Ich habe ihr hinten an die Jeans gegriffen, dann war es plötzlich Sebastian, der mir seine Zunge in den Hals steckte. Er lachte hinterher ganz fies und sagte: «Kauf dir erst mal was Ordentliches zum Anziehen.»

Im Schaufenster sieht die Jeans ganz anders aus, als wenn Danielle sie trägt. Sie hängt da so an der Schaufensterpuppe herunter, und nur der Preis ist wirklich aufregend: «Neun-undsiebzig Euro neunzig», sagt die Verkäuferin und sieht auf ihre Uhr, als ich frage. So viel habe ich noch nie gehabt. Mama gibt für Schuhe höchstens dreißig Euro aus, wenn ich mal wieder aus meinem alten Paar rausgewachsen bin. Ich wachse viel in letzter Zeit, auch obenrum. Heimlich habe ich mal Mamas BHs ausprobiert, das war aber dann doch nichts für mich. Ihre Brüste sind viel größer, dafür hängen sie schon. Ich habe mal gesehen, wie Wolfgang ihr da hingegriffen hat, dabei ist er nur ein Kollege, sagt sie. Dann lag ich abends in meinem Zimmer und habe mir ein Einschlaflied gesungen, wegen der Geräusche von nebenan. Mama fiepst ganz ko-misch, wenn Wolfgang bei ihr schläft, und ich kann mir ja denken, was sie machen. Nur dass es so klingt, hätte ich nicht gedacht. Als hätte sie Schmerzen oder würde keine Luft bekommen.

Die Pash-Jeans ist ganz weich an meinen Beinen, und die Verkäuferin quatscht mit einer Kollegin. Als ich den ersten Knopf schließe, fängt mein Herz wild an zu schlagen. Sebas-tian sollte mich so sehen. Im Spiegel bin ich eine ganz andere, der Schlabberpulli stört nicht mehr. *Pash.* Das klingt gut, und ich sage es leise immer wieder. Die Verkäuferin ist jetzt in die

Mittagspause gegangen, ihre Kollegin schlurft zurück zu den Bettlaken und Kissenbezügen. Die Jeans hat kein Preisschild, gut, dass ich gefragt habe. Normalerweise ist an der Seite auch so ein Piepding, das ist bei C&A immer so, aber diese Jeans kommt direkt aus dem Schaufenster, es ist die letzte. Die Verkäuferin hat gestöhnt, als die Hose nicht so recht von der Puppe abgehen wollte, aber dann klappte es doch. Ich drehe mich noch mal draußen vor dem großen Spiegel. Danielle hat manchmal hochgesteckte Haare, mit einer Hand halte ich meine dünnen Strähnen hoch.

Von draußen schaut jemand rein, es ist die fette Tine. Sie reißt die Augen auf und drückt sich fast die Nase platt, als sie mich so sieht. Ich freue mich ein bisschen, dass sie mir zuschaut, vielleicht erzählt sie es ja jemandem. Es wäre toll, wenn mal über mich geredet würde. Sonst glotzen sie ja immer nur, und ich mache mich klein.

Mein Rucksack liegt noch in der Kabine, fast hätte ich ihn vergessen, als ich gehen will. Hinter der Bettenabteilung ist der Ausgang, und ich gehe langsam an den Sonderangeboten vorbei. Tine folgt mir mit ihrem Blick, und ich spüre wieder mein Herz, wie vorhin. Ich wünsche mir, dass Sebastian genau jetzt eine neue Bettwäsche für sich aussucht, vielleicht für sich und Danielle, das wäre mir egal, im Moment ist das völlig gleich. Tine ist weg, als ich plötzlich im Regen stehe. Meine Hose wird langsam nass. Vom Marktplatz höre ich den Glockenschlag, dreimal. Ich muss noch Mathe machen, denke ich, und hoffentlich hat Mama mein rotes T-Shirt gewaschen. Vielleicht gibt es ja sogar mal was Ordentliches zu Mittag. Irgendwas ohne Körner. Dann laufe ich dem Regen davon zur Bushaltestelle. Die Wolken ziehen wie wild an den Häuserdächern vorbei. Und drinnen in der Umkleidekabine liegt eine braune Cordhose auf dem Boden.

▪ *Christoph Mathieu* ▪

200 bpm

Ich ziehe an meiner Zigarette, lasse mich zurückfallen. Das orange geblümte Sofa wirbelt Staub auf. Eine Sprungfeder piekt mir in den Rücken. Die Gestalten auf der Tanzfläche wirken im grünen Licht wie grelle Skulpturen von H. A. Schult. Eine von ihnen muss Lisa sein, doch ich kann sie nicht entdecken. Es ist laut. Irgendein Lied von Blank & Jones.

Neben mir sitzt ein pummeliges Mädchen – dunkles Haar – und starrt mich mit übergroßen Pupillen an. Sie steht auf, greift in ihre Tasche «Du siehst total depri aus», sagt sie und drückt mir etwas in die Hand. «Hier, das macht glücklich.»

Sie geht. In meiner Handfläche liegt eine kleine Pille mit eingestanztem Herz.

Mein bisheriger Tagesablauf und mein inneres EKG dazu:

Morgens aufgewacht, an die letzte Nacht erinnert.
Dit… Dit… Dit… Dit. Dit. Dit.

Aus dem Fenster geschaut und den Tag verflucht, dass er so schön ist.
Dit. Dit. Dit.

Auf meinem Bett gelegen, Foto von Lisa beguckt.
Dit. Dit. Dit.

Geweint.

Dit... Dit... Dit...

Kuschelrock Vol. 3. Irgendwas im Repeat-Modus gehört.

Dit... Dit... Dit. Dit.

Onaniert und dabei versucht, nicht an Lisa zu denken.

Dit. Dit. Dit.

Doch an Lisa gedacht.

Dit-Dit-Dit-Ditdit.

Rache- und Mordgedanken gehegt. Danach überlegt, aus dem Fenster zu springen.

Dit-Dit-Dit-Dit-Dit.

Nicht aus dem Fenster gesprungen, weil das Telefon klingelte. Gehofft, Lisa würde anrufen. Abgehoben. Doch nicht Lisa.

Dit-Dit-Dit-Dit-Dit. Dit. Dit. Dit.

Mich überreden lassen, zum Baggersee mitzukommen. In der Sonne gelegen. Nicht mit ins Wasser gekommen. Mich mit schlauen Liebestipps berieseln lassen. Ein Selbstmordattentat geplant. Den Plan wieder verworfen. Doch in die Disco mitgegangen.

Und jetzt bin ich hier. Ich lasse die Pille zwischen meinen Fingern tanzen. Winzig klein ist sie. Kaum vorstellbar, dass so ein kleines Ding Wirkung zeigen könnte. Aber sie macht glücklich. Glücklichsein kann ich heute gebrauchen.

Wenn mich die Pille wirklich glücklich machen will, dann soll sie alle Gedanken an Lisa löschen.

Ich schnuppere an der Pille. Sie ist geruchlos.

Ist Vergessen gleich Glück? Bin ich glücklich, wenn die fünf Jahre mit Lisa plötzlich weg sind? Ich denke an gemeinsame Urlaube, Schulstunden, Partys, Zungenküsse.

Die Erinnerung spült die Disko vor meinen Augen weg. Ich höre den stampfenden Beat nicht mehr. Spüre, wie Wut, Trauer und Hilflosigkeit in mir aufsteigen ...

Dit-Dit-Ditdit

... und dann habe ich die Pille schon runtergeschluckt.

Ist einfacher, als aus dem Fenster zu springen. Ich erwarte, dass mein Hirn Milliarden von Glückshormonen ausschüttet, doch nichts passiert. Im Gegenteil, mein Herzschlag beruhigt sich, als ich versuche, irgendeine Wirkung in / an meinem Körper zu entdecken.

Dit... Dit... Dit...

Ich schwitze. Plötzlich kriecht Hitze von den Beinen hoch in den Magen. Ich lasse die Sofas hinter mir. Das Blumenmuster auf dem abgewetzten Stoff sieht jetzt gelblich aus.

Dit. Dit. Dit.

Ich will tanzen.

Dröhnende Beats aus überdimensionalen Boxen. Die wogende bis zappelnde Menge verläuft vor meinen Augen. Es sieht aus, als hätte man die ganze Disco in eine Waschmaschine gesteckt und den Schleudergang aktiviert.

Schweißgeruch vermischt sich mit Parfümgestank. Ein synthetischer Trommelwirbel heizt die Menge an, lässt die Beats schneller werden.

Mein Herz passt sich dem Rhythmus an.

Dit-Dit-Dit-Dit-Dit-Dit-

Meine Beine tanzen. Ich stelle erstaunt fest, dass sie über die Tanzfläche zappeln. Unkontrolliert. Die Hitze schlägt mir ins Gesicht.

«Hey», schreit mich eine hässliche Fratze an, die nur langsam menschliche Züge annimmt. «Was ist los mit dir?»

«Nichts», antworte ich. «Ich bin GLÜCKLICH!!!»

Ich springe übermütig in die Menge.

Ich stolpere.

Dit-Dit-Dit. Dit.

Ich fliege. Langsam hebe ich ab.

Dit. Dit.

Verliere den Boden unter den Füßen.

Dit. Dit.

Kaum abgehoben, rast der Boden wieder auf mich zu.

Dit-Dit-Dit-Dit-

Jemand fängt mich auf, sagt mir etwas. Ich stoße ihn weg. Ich habe Lisa vergessen und werde plötzlich philosophisch. Wenn ich denken kann, dass ich Lisa vergessen habe, habe ich sie dann *wirklich* vergessen?

«Ich bin GLÜCKLICH!!!» Weg mit der Philosophie.

Wenn Lisa glücklich ist, kann ich auch glücklich sein. Sie knutscht jetzt bestimmt mit ihrem neuen Freund herum und ist glücklich.

Dit-Dit-Dit-

Was sie kann, kann ich schon lange. Erst recht heute Abend. Ich werde mir eine Frau suchen. Die Blonde da drüben gefällt mir gut. Sieht Lisa sehr ähnlich.

Ist es gut, eine Frau anzugraben, die Lisa ähnlich sieht? Ich will eine Frau mit Zungenpiercing! Ich wollte immer schon mal testen, wie es sich mit Zungenpiercing küssen lässt ... Egal, ich tanze die Blonde an, sie wirbelt herum.

«Bist du glücklich?», frage ich lachend.

Dit. Dit. Dit. Dit.

«Du hier?», fragt die Blonde. Es ist Lisa.

Dit. Dit. Dit. Ditditditditditditditdit

«Was ist los mit dir?» Ich höre die Musik nicht mehr. Mein rasendes Herz ersetzt den Beat. Lisa sieht besorgt aus. Die verlogene Schlampe.

Mir wird schlecht. Ich huste und bin eine Sekunde später in der Menge verschwunden. Meine Beine laufen. Rennen. Ich nehme keine Rücksicht auf andere Leute, weil ich nur pulsierende Farben sehe.

DitDitDitDitDitDitDitDitDitDitDit-DitDitDitDit

Mein kleines EKG im Kopf morst SOS-Signale in meine Beine. Ich spüre, dass Lisa mich verfolgt. Mir ist heiß, Schweiß wäscht mir das Gel aus den Haaren. Ich flutsche aus der Menge heraus. PLOPP. Ich öffne eine Toilettentür. Huste und schließe ab. Ich setze mich auf die Klobrille, ohne sie vorher mit Papier abzudecken.

Die Hitze wechselt sich jetzt mit Kälte ab. Mir ist übel, doch ich kann mich nicht übergeben. Mir bleibt die Luft weg, doch die Atemwege sind frei.

Ditditditditditditditditdit-ditditditdit-ditditditditditditditditditditditditdit-ditditditditditditditditdit

Ich kann mich nicht erinnern, dass mein Herz jemals so schnell geschlagen hat. Das macht mir Angst. Angst machen mir auch die Schläge gegen die Tür. Angst macht mir, dass ich unfähig bin, Lisa zu antworten.

Sie steht vor der Tür, hämmert dagegen und kreischt: «Was ist los? Komm da raus! Hast du Drogen genommen?»

Nein, ich habe keine Drogen genommen, wahrscheinlich bin ich nur schwer verliebt. Das will ich ihr sagen.

«Los! Bitte! Mach keinen Blödsinn.»

Ich muss es ihr sagen.

Ditditditditditditditditditditditdit-ditditditditditditditditditditditdit-ditditditditditditditditditdit

Ihr Schreien geht in ein hysterisches Weinen über. Eine Klofrau kommt hinzu und will Lisa von der Männertoilette verscheuchen.

Und ich muss etwas sagen.

Ich sage nichts.

Ditditditditditditditditditditdit-diiiiiiiiiiiiiiiiiiiiiiiiiiiiiiiiiiiiiiiiiiiiiiiiiiiiiiiiiiiiiii iiiiiiiiiiiiiiiiii…

- *Tanja Tenhofen* -

Frau mit

TASCHE

Ich, Typ Holly
Golightly, unnahbar,
cool und unglaublich
elegant, suche Hand-
tasche fürs Leben.

Welche Frau würde nicht gern einmal eine solche Anzeige schalten – ich habe es getan, und ich muss sagen: Anzeigen sind teuer, und Handtaschen können nicht lesen. Ganz im Gegensatz zu Männern. Kaum zu glauben, was die aus dieser schlichten, harmlosen Anzeige lesen! Dabei habe ich definitiv nicht geschrieben: «Ich, dominant, stark wie Herkules, möchte dich (nackt, an einem Riemen um meinen Hals baumelnd) durch die Stadt tragen.» Nein, also, was bilden die sich ein?

Ich möchte ein neues, interessantes und vor allem solides Leben aufbauen –

wo soll da Platz für einen Mann sein? Das Dreibein an sich ist aufdringlich, lästig, benimmt sich ständig daneben und lässt keine Gelegenheit aus, sich zu beschweren. Im Gegensatz zur Gucci: Hat jemand schon mal gehört, dass sie sich beschwert, weil sie neben dem neu erworbenen Lipgloss auch diverse, circa drei Jahre alte Bonbons und so etwa 3465 Tampons in allen Größen und Formen mitschleppen muss? Ergo: Handtäschchen sind geeignete Partner fürs Leben – Männer höchstens Lebensabschnittsgefährten.

Man denke auch an die ästhetische Wirkung. Während eine Handtasche das formschöne Hinterteil einer jeden Dame vor der Verunstaltung durch ein im günstigsten Fall prallgefülltes Portemonnaie bewahrt und sie zudem noch kleidet, sind Männer im seltensten Fall dekorativ. Und die, die es sind, sind meist dumm. Bei Handtaschen würde das nicht stören: Sie können nicht sprechen und könnten ruhig dumm sein.

Keine Tasche würde sich mit einer Frage lächerlich machen wie : «Ich oder die Prada!» Da gibt es eine Antwort, aber keine Entscheidung. Das beweist mein seit Jahren wiederkehrender erotischer Traum. Ich schlendere über eine belebte und elegante Einkaufsstraße, plötzlich trifft mich der Schlag: Herzrasen, Schweißausbrüche, mein Brustkorb droht zu bersten. So schnell, wie es in einem hautengen kleinen Schwarzen elegant und würdevoll möglich ist, springe ich auf das Wunderbare los. Im Augenwinkel sehe ich wie Leonardo DiCaprio, Robbie Williams und Johnny Lee Miller das grazile Ereignis lechzend beobachten. Plötzlich löst sich Johnny Depp aus ihren Reihen, springt mir in den Weg, schmeißt sich in eine Pfütze vor meine Zickenpumps und fleht mich an, ihn zu ehelichen. Tja, was soll man dazu sagen? Kein Dreibein, und sei es noch so knusprig, stellt sich zwischen mich und dieses leuchtende Wunder aus politisch korrektem, hochwertigem Kunstleder, dem Anwärter auf den Titel «Traumtasche». Kühn, wie es die Situation von mir verlangt, nutze ich Johnnys wohlgeformten Rücken als Sprungbrett und segle elegant wie ein fliegender Schwan auf das Designwunder zu. Kurz bevor ich die Schaufensterscheibe durchbreche, wache ich auf. Das Herz rast, die Leopardenbettwäsche ist durchgeschwitzt, und ich verfalle binnen weniger Sekunden in eine starke Depression. Wieder nur ein Traum. Gott ist mein Zeuge, ich würde jedes Schaufenster durchbrechen, um die Liebe meines Lebens, diese zeit- und modelose Handtasche endlich mein Eigen nennen zu können!

Ein einziges Mal habe ich ein ähnlich schönes Exemplar besessen, doch grausam wurde es von mir gerissen. Es war ein schöner Frühlingstag, meine beste Freundin war an meiner Seite, und am Arm trug ich meinen Liebling. Doch ehe ich mich versah, wurde er mir entrissen – von einem brutalen Kidnapper. Hätte dieser Unmensch mich nicht höflich um die Herausgabe meines mühsam zusammengesparten Taschengeldes bitten können? Letztlich ist es doch so: Geld ist ersetzbar. Eine Traumtasche dagegen, ein rares Einzelstück ... Der Verlust erschütterte mich so sehr, dass meine Eltern mir das verlorene Geld schenkten – meine erste große Liebe konnten sie mir nicht wiedergeben. Sie blieb verschollen – wahrscheinlich in der nächsten Mülltonne.

Leider blieb die Suche nach dem geliebten Stück ohne Erfolg, da sich die Mülltonne nicht vor der nächsten Leerung ausfindig machen ließ. Natürlich rannte ich direkt nach dem Verlust auf die erstbeste Polizeiwache und verlangte die Aufnahme einer groß angelegten Fahndungsaktion. Doch das, Mädels, lasst euch gesagt sein: Unsere Freunde und Helfer in Grün stehen solchen Momenten des Schmerzes verständnislos gegenüber. Ich erntete schallendes Gelächter! Da stellt sich doch die Frage, wofür die geliebten Eltern Steuern zahlen. Mir blieb also nach diesem schrecklichen Verlust nur eins: mich in mein abgedunkeltes Zimmer zurückzuziehen und stundenlang zu weinen.

Nach der schlimmsten Trauerphase überlegte ich gründlich, ob ich nicht dieselbe intensive Beziehung zu einem Brustbeutel aufbauen könnte – da ist man taschendiebmäßig wenigstens auf der sicheren Seite. Eine Entscheidung wurde bald hinfällig – beim nächsten Shoppen. Da stand sie: formschön, nicht wirklich einzigartig, aber doch ... Ich lernte meine neue Mangotasche lieben – trotz ihres kleinen Nähfehlers. Doch auch sie ging mit der Herbstmode, und eines Tages habe ich mich von ihr getrennt. Na ja, sie war von Anfang an nur eine Übergangstasche gewesen. Nach ihr kamen und gingen noch viele, die einen tragisch, die anderen weniger. Und ich? Ich bin immer noch auf der Suche, auf der Suche nach der Tasche fürs Leben. Eines schönen Tages wird es so weit sein, dann werde ich sagen können: Ich bin eine Frau mit Tasche!

Darf ich dich mal was fragen, ich schreib hier gerade was zum Thema Herzrasen, hoert sich bloed an, ich weiss.

Aber?

Was faellt dir dazu ein, bzw. wann hast du Herzrasen?

Wenn mich 'ne echt geile Frau anredet und fragt, ob ich Feuer habe, oder wenn sie mich dauernd anstarrt und mir zuzwinkert ;)

Herzrasen in drei Worten:

Lunge - Sex - Atemnot (*lach*)
Komm ich jetzt ins Fernsehen?!

Also magst du das Gefuehl?

Schon, aber es hat auch was Beängstigendes. Ich hab manchmal ein wenig Probleme mit der Lunge, und da kommt man so schnell außer Atem, und dann klopft mein Herz wie verrückt, das mag ich weniger. Aber wenn's wegen was Emotionalem ist ...

Wie wuerdest du es jemandem beschreiben, der es nicht kennt?

Ist der Jemand weiblich oder männlich?

Egal.

Ich weiß nicht, was ich sagen soll, aber ich denk mal, dass ich's schon schaff, einer Frau a bissl Herzklopfen zu machen ;)

Mann, ich hab morgen ein Vorstellungsgespräch – das macht mir Herzrasen! Ich muss los.

Viel Glueck!

(Fortsetzung Seite 57)

▪ *Alka Corbo* ▪

An einem

SONNTAG morgen

Es war ein ganz gewöhnlicher Sonntagmorgen. Und ich hasse Sonntage.

Die Sonne schien mir ins Gesicht, ich weiß nicht, ob sie mich anlachte, auslachte oder beides. Ich lag in meinem Bett und döste so vor mich hin. *Krrrrrrrrrrrr ...* Verdammt, der Wecker!

«Blöde Kuh! Warum hast du den gestellt?!», rief meine große Schwester Stefanie mehr als genervt. Eigentlich ist sie ja ganz in Ordnung.

«Wenn du mich noch einmal so früh weckst, schlag ich dir alle Zähne ein!»

Vergesst das mit dem Nettsein, sie ist nur eine dumme, kleine Vorstadtschlampe, mit der ich zu allem Überfluss auch noch das Zimmer teilen muss. Wieso ich kein eigenes Zimmer habe? Wir leben von der Sozialhilfe in einer Sozialwohnung in einem Sozialstaat.

Ich schreibe gerade in meinem Tagebuch.

Muss ich noch irgendwas erklären? Was wollt ihr eigentlich hören, ihr verdammten Mittelstandskinder, ihr mit eurem Zweitfernseher, dem Zweitwagen, dem Zweitvater? Ihr müsst ja nicht gleich denken, dass wir vom Müll leben, drogenabhängig sind und nicht lesen können. Ich führe aus denselben Gründen Tagebuch wie ihr. Weil ich jemanden brauche, mit dem ich reden kann – ich habe so gut wie keine Freunde hier.

Weil ich mir meine Wut von der Seele schreiben will – ich bin introvertiert und schüchtern. Oder weil mir einfach langweilig ist – das liegt ja auch auf der Hand.

«Hey, Kleine, was schreibste denn die ganze Zeit? Einen Liebesbrief?», murmelte Stefanie unter der Bettdecke hervor.

«Ich dachte, du schläfst noch?»

Ich hatte keine Lust, mit Stefanie über mein Privatleben zu diskutieren.

«Siehst du nicht, dass ich wach bin? Also, spuck's aus! Mit wem treibst du dich rum?» Ihre wasserstoffblonden Haare hingen in fettigen Strähnen runter, morgens sieht sie noch kaputter aus als sonst. Aus irgendeinem Grund ließ sie nicht locker. «Na, wer ist es?»

«Niemand, Steffi. Ich führ bloß ein Tagebuch.»

«TAGEBUCH?»

Bei Steffi hörte sich das an wie: «WAS, DU BIST SCHWANGER?» Oder: «WAS, NUR FÜNF MARK FÜR DIE DISCO?»

Ich versuchte Steffi mitzuteilen, dass Tagebuchführen kein Verbrechen ist, doch sie lachte mich nur aus und pennte wieder ein.

Ihr müsst wissen, dass ich nicht so ein blödes Mädchen bin. Also, eine von diesen Tussen mit Markenzeichen «Miss Sixty»-Hosen und zehn Schichten Make-up. Eine von denen, die dauernd den Namen irgendeiner angesagten Boyband kreischen und keinen Gedanken zustande bringen können, der nichts mit Nick Carter oder Schminke zu tun hat. Ich weiß zwar noch nicht, wer ich bin, aber ich bin definitiv keine gewöhnliche 13-Jährige und schon gar keine Tussi.

Nur dass das meine Schwester in den letzten Jahren nicht gemerkt zu haben scheint, denn sie ist nie zu Hause oder hängt total bekifft im Bett rum.

Ich versuchte ein Gespräch unter Schwestern: «Steffi, ich schreibe schon seit meinem zehnten Geburtstag Tagebuch. Du hast es mir doch selbst geschenkt.»

«Schon gut, schon gut. Was schreibste denn so rein?»

War sie interessiert oder nur müde? Na ja, egal.

«Ich schreibe über mein Leben, meine Gedanken, meinen Traum, Schriftstellerin zu werden.»

Irgendwas daran schien sie zu amüsieren. «Schriftstellerin? Kleine, du landest früher oder später da, wo ich und Mami sind. Du wirst 'ne billige, arbeitslose Schlampe, kriegst Kinder – und wenn du Glück hast, vielleicht noch einen Mann dazu!» Sie lachte über ihren dämlichen Witz, hatte keine Ahnung, dass sie damit die Träume ihrer kleinen Schwester zu dem reduzierte, was sie waren: naive Anfälle von Zukunftswünschen und Hoffnungen eines Mädchens ohne Perspektive. Eines Mädchens aus der Vorstadtsiedlung, das durch nachlässige Erziehung und gewalttätige Umgebung zu einer depressiven Person wird. Deren Mädchenträume irgendwann bröckeln werden, sich nach und nach auflösen und sie zu einer leblosen Hülle machen – einer wie Mama.

Ich muss mir wirklich zu diesem Absatz gratulieren. Mächtig gut, wenn man bedenkt, wo ich aufgewachsen bin.

Also, ich muss dann Brötchen holen.

Brötchenholen ist meine Aufgabe, jeden Sonntag morgen. Genauso wie das tägliche Abspülen, Einkaufen, Bügeln. Geputzt wird bei uns nicht. Jedenfalls kann ich mir nicht vorstellen, wer das machen wollte. Oje, jetzt muss ich euch endlich davon erzählen. Ich muss euch wohl oder übel meine Eltern vorstellen. Damit sind Mama und «Papa» gemeint. Mama ist meine Mama, und «Papa» ist Mamas Lebensgefährtin. Der echte ist irgendwohin verschwunden. Kennt ihr ja vielleicht auch. Also, Maren, Mamas Lebensgefährtin ist ... nun ja, überflüssig zu sagen, dass ihr sie euch ruhig als typische Lesbe vorstellen könnt, denn das tut ihr alle ja sowieso, wenn ihr an Homos, Ausländer oder Jungs denkt. Ihr werft sie alle in einen Topf: hart, männlich, kurze Haare, gefühllos – oder: kriminell, frauenfeindlich, rückständig. Oder – auf Jungs zutreffend – alle diese Eigenschaften von Lesben und Ausländern zusammengenommen.

Also, Maren ist wirklich so, wie man sich eine Lesbe vorstellt. Ich weiß auch nicht, was Mama an ihr findet, schließlich war sie ja davor mit Männern zusammen. Sie sagt, bei Maren findet sie Wärme und Geborgenheit, die sie bei Vater nicht hatte, und so 'nen Scheiß. Aber ich finde, Maren ist wie Papa – nur ohne Schwanz. Deshalb nenne ich sie auch Papa. Mama findet bei Maren dasselbe wie bei Papa, nämlich das, was sie braucht: Dominanz, Abhängigkeit, Gewalt. Wieso? Keine Ahnung, ich bin ihre Tochter, nicht ihr Seelenklempner.

Sie hat mich geohrfeigt, als ich ihr einmal riet, dort hinzugehen. Mama schiebt alles auf ihre Kindheit, darauf, dass sie als Kind geschlagen wurde und für ihre jüngeren Geschwister sorgen musste, während ihre Mutter sich mit den GIs herumtrieb, damals, in der amerikanischen Zone. Sie selbst könnte ja auch einen amerikanischen Vater haben, sagte Mama oft voller Stolz. Viel wahrscheinlicher ist es jedoch, dass sie von irgendeinem Vermieter stammt, bei dem Oma zu der Zeit wohnte. Mir jedenfalls ist es scheißegal, woher sie ihre Komplexe hat, also wirklich.

Also, wenn ihr denkt, dass mein Leben ungewöhnlich ist: schaut auf die Straße, seht euch 'ne Talk-Show an, kommt mal nach Stuttgart. Dabei bin ich erst am Anfang meiner Karierre als Sozialhilfeempfängerkind. Besucht mich in fünf Jahren. Ich werde – richtig! – auf der Straße gelandet sein. Ich werde keine Ausnahme sein, das könnt ihr vergessen: Ich bin eine Träumerin, eine, die untergeht, sobald sie ihr sicheres Heim verlässt. Ich bin so wie Mama. Also, genug der Schwafelei, ihr kennt mich nun. Und ihr werdet jetzt auch mein langweiliges, ödes Leben kennen lernen, das sich wie eine Spirale im Kreis herumdreht – auf den Abgrund zu, der irgendwann einmal kommen muss. Unvermeidbar.

Die Brötchen aus der einzigen Bäckerei hier, die sonntagmorgens offen hat, schmecken genauso wie unser Sonntagsfrühstück – das einzige, das wir gemeinsam essen: trocken mit 'nem faden Geschmack. Und es ist jedes Mal die gleiche Prozedur. Um zwei, drei Uhr nachmittags Frühstück, dann wieder ins Bett. Schön einfach, nicht wahr? Keine Ausflüge, keine

Kirche, kein Shopping. Einfach das, was wir den Rest der Woche auch tun, nur intensiver: Rumhängen. Und die «Bravo» lesen. Und träumen. Den ganzen Tag lang.

Am liebsten von Christian, einem Jungen aus meiner Schule. Christian wohnt nur ein paar Straßen weiter, in der Bonzensiedlung. Nur ein paar Minuten weg und doch Welten entfernt. Ich versinke weiter in meine Träume und in Christians Arme, als ... *zuuuumrhuuuum* ... Das nervtötende Summen einer Bohrmaschine durchrüttelte das ganze Haus. Ausgerechnet heute, an einem Sonntagmorgen, renovierte der neue Nachbar seine Wohnung.

Meine Stiefmutter fühlte sich in ihrer «Sympathie» für diese «holländische Negerschwuchtel» bestätigt und brüllte los: «Hast du sie noch alleeee! Hör auf damit, du miese Schwuchtel! Sonst kommt die Polizei!» Zur Bekräftigung dieser Aussage hämmerte sie gegen die Wand.

Doch die «Schwuchtel» ließ den Bohrer noch lauter laufen, und das unerträgliche Summen, eine Mischung aus Zahnarzt und Formel 1, durchrüttelte das ganze Haus. Papa brüllte weiter herum und verfluchte alles, was sie mehr oder weniger buchstabieren kann, von der neuen Regierung, die diese dreckigen Neger ins Land lässt, um deutsche Frauen anzumachen, bis zur Firma Bosch, die Bohrmaschinen herstellt. Mama klopfte zur Bekräftigung auch gegen die Wand, ich hielt mein Kissen gegen das Ohr, und meine große Schwester schlief weiter.

Ich suchte nicht länger nach Brötchengeld in der Haushaltskasse, einem Aschenbecher, sondern nahm wie so oft mein eigenes Babysittergeld und floh zur Bäckerei. Als ich fünf Minuten später wieder zurückkam, war dann schon die Polizei da und bereitete dem Unfug, der mindestens einmal wöchentlich stattfand, ein Ende. Irgendjemand hatte wohl angerufen. «Papa» oder Mama waren es jedenfalls nicht, man hat uns vor drei Monaten das Telefon abgestellt.

Ihr müsst jetzt nicht denken, dass jeder Sonntagmorgen bei uns damit beginnt, dass die Polizei wegen Lärmbelästigung kommt. Nein, bestimmt nicht. Manchmal kommt sie auch nur, um einen besoffenen Vater abzuholen, der die ganze Nacht randaliert und seine Kinder geprügelt hat. Oder ein Nachbar hat sich des unerträglichen Gestanks erbarmt und den Krankenwagen gerufen – für die Leiche im zweiten Stock, die von einem Selbstmörder stammt oder von einer Frau, die sich mit den Landessitten ihres ausländischen Mannes nicht auskannte, was Ehebruch betraf. Im Großen und Ganzen sind wir eine nette, loyale und hilfsbereite Gemeinschaft. Braucht jemand hier im Haus ein Bier, bekommt er es natürlich nicht. Schlägt jemand seine Frau mit der Fernbedienung nieder, wird er nicht gleich verpetzt. Entschuldigt meinen Zynismus.

«Brötchen sind da!» Ich rief umsonst.

Mama und «Papa» vergnügten sich in ihrem Bett. Ich hörte sie die ganze Zeit kichern.

«Die einzige Möglichkeit, die da rauszuholen», murmelte Steff halbwach, «wäre ein Postmann, der einen Riesenvibrator dabeihat.» Sie stand auf und hielt die Hand an den Kopf, da sie wie nach jeder durchzechten Nacht Kopfschmerzen und einen Kater hatte. «Was war denn vorhin los? Ich hab irgendeinen Krach gehört», fragte sie müde.

«Ach, das war nur dein holländischer Schwuchtelfreund, dem die Polizei mal wieder einen Besuch abgestattet hat.

Diesmal wird er bestimmt abgeschobem.»

Steff schien verärgert. «Er wird nicht abgeschoben. Er ist keiner von den Asylanten, die auf der Baustelle schwarzarbeiten. Er studiert hier in Deutschland Kunst.»

Wo war da schon der Unterschied? Kunststudenten, Asylanten – wir. Alle würden wir in derselben Gosse enden.

Steff nahm sich ein Brötchen, kratzte sich den Rest Marmelade aus dem Glas und ging zu ihrem Freund. Na toll! Sie ließ mich mal wieder allein! Mit zwei Lesben und einem Tagebuch, das darauf wartete, mit irgendeiner blöden Scheiße, die sich tagtäglich auf der Welt ereignet, voll gekritzelt zu werden. Und Träumen von Chris.

Letzte Woche hatte ich ihn mit diesem Mädchen gesehen, einer blonden Schlampe. Sie gingen Hand in Hand an mir vorbei, und ich tat so, als wäre mir das egal. Wie ich mich wirklich fühlte? Beschissen – um es mal ganz klar zu sagen. Als ob ich gerade erfahren hätte, dass meine Mutter gestorben ist. Oder noch schlimmer: als hätte ich im Lotto gewonnen, und dann hätte sich herausgestellt, dass das ein Irrtum war. Jedenfalls ging es mir total dreckig. Ich wollte ein trauriges Gedicht schreiben oder mir die Arme blutig ritzen ... Nee,

Quatsch, Letzteres natürlich nicht. Ich bin zwar nicht ganz normal, aber verrückt bin ich nun auch wieder nicht. Als ob Mamas Ohrfeigen nicht schon genug wehtun würden.

Ich kaute auf meinem Nutella-Brötchen herum, doch so richtig schmeckte es mir nicht. Ein Mädchen aus meiner Klasse, auch so ein reiches Ärzte-Töchterchen, hat mal erzählt, dass ihre Eltern aus gesundheitlichen Gründen kein Nutella im Haus dulden. In der großen Pause hat sie dann immer meine Brote gekriegt. Für zwei Mark das Stück. Bis sie ihr irgendwann langweilig geworden sind.

Aus Langeweile schlug ich ein Buch auf. Mama meint immer, ich müsste lauter Einsen haben, so oft wie ich meine Nase in Bücher stecke. Doch ich bin eher mittelprächtig in der Schule. Irgendwie hab ich das Gefühl, dass Mama eifersüchtig wird, wenn sie mich lesen sieht. Pech, ist nicht mein Problem, wenn es ihr keinen Spaß macht. Sonst wäre sie ja nicht nach der neunten Klasse abgegangen, um so ein Arschloch wie meinen Vater zu heiraten.

Wo mein Vater ist? Keine Ahnung, treibt sich irgendwo rum. Das letzte Mal, als wir was von ihm gehört haben, soll er eine Bank überfallen haben. Sein Foto war in der Bild-Zeitung. Natürlich mit einem Balken über den Augen, trotzdem hat ihn jeder hier in der Siedlung erkannt. «Na, Kleine. Du bist ein gutes Mädel, wirst nicht so enden wie der Papa», sagte neulich die Oma vom ersten Stock. Alte Schnepfe. Ich hätte ihr eine reinhauen sollen, dann würde sie mich mit ihren gelben Zähnen nicht mehr dauernd so angrinsen.

Was sollte ich jetzt tun? Ich verkroch mich in Tagträume.

Meine große Schwester fand mich schon immer etwas merkwürdig. Ich weiß auch nicht, warum ich abends nicht wie die anderen Jugendlichen hier auf dem Spielplatz rumhänge, mich besaufe und jede Woche mit einem anderen Typen gehe. Die nennen mich alle Streberschlampe. Bloß weil ich auf die Realschule gehe.

Als ich klein war, war ich öfter auf dem Spielplatz. Auch damals haben uns die Älteren immer vertrieben, weil sie dort ungestört Bierflaschen zerschlagen und rauchen konnten. Viele ältere Anwohner regten sich über den Lärm spätabends auf und über die herumliegenden Flaschen und Kippen. Es wohnen fast nur Rentner hier und solche Sozialfälle, wie wir es sind. Was sollen die Jugendlichen hier sonst machen? Es gibt weder Kinos noch Discos, und wenn, hätten die meisten kein Geld dafür. Die, die einen Führerschein haben, fahren in die Stadt. Für die Kleinen gibt es in der Kirche ein Programm. Und ich hock rum.

Ich trau mich selten raus, gestern, als ich den Müll runterbringen wollte, nahm mich die fette Ela unter den Nagel und verdrehte mir beim Vorbeigehen den Arm. Weil ich angeblich so «blöd geguckt» hab. Zum Glück hatte die fette Ela gestern einen guten Tag, sonst wär ich nicht mit einem blauen Fleck davongekommen.

Eine Freundin hab ich, Özlem, eine Türkin. Sie kam erst vor zwei Jahren hierher und spricht sehr schlecht Deutsch. Wenn sie draußen ist, nimmt sie immer ihr Kopftuch ab, doch sobald sie wieder in ihre Wohnung geht, stülpt sie sich ihr Tuch über.

Bei mir zieht sie sich oft um, bevor wir in die Schule gehen. Sie geht in meine Klasse, obwohl sie schon sechzehn ist, also drei Jahre zu alt für die siebte Klasse.

Leider sehen wir uns selten, ihr Vater ist ziemlich streng und lässt sie nicht oft aus dem Haus. Besuchen darf ich sie auch nie. Özlem meint zwar, dass sie keine Zeit hat, weil sie wegen ihrer vielen Geschwister viel zu tun hat. Doch ich glaub ihr nicht. Einmal, als wir bei den Schaukeln waren und sie ihren Vater nach Hause gehen sah, sprang sie auf und rannte hinterher. Arme Özlem, sie ist so nett, das hat sie gar nicht verdient. Aber irgendwie beruhigt es mich, dass es einen Menschen gibt, dem es noch schlechter geht als mir.

Ich hätte Englischvokabeln lernen können, doch ich hatte keine Lust. Der schwule Holländer hatte mit dem Bohren aufgehört, dafür bellte der Hund von der Oma aus dem ersten Stock. Ich beschloss, an Özlems Haus vorbeizulaufen. Vielleicht hatte sie Lust, spazieren zu gehen.

Ich saß auf der Bank vor Özlems Haus, auf der ich sonst auch immer sitze. Das ist praktisch, weil sie mich dort von ihrem Fenster aus sieht. Wenn sie innerhalb von einer Viertelstunde nicht herunterkommt, bedeutet das, dass sie nicht kann. Ich saß und wartete. Fünf Minuten, zehn Minuten, zwanzig Minuten. Özlem kam einfach nicht. Langsam wurde mir kühl. Ich überlegte, was ich sonst tun könnte. Und irgendetwas in mir wollte, dass ich an Christians Haus vorbeilaufe.

Das mache ich in letzter Zeit oft. Ihr fragt euch sicher, wozu? Er wird für mich sowieso immer nur ein Traum bleiben. Es ist nun einmal so: Ehen von Leuten aus unterschiedlichen «sozialen Milieus» funktionieren nicht. Ich beschloss, trotzdem an seinem Haus vorbeizulaufen. Kennt ihr das Gefühl? Man will sich einfach abends mit dem wohligen Gefühl schlafen legen, dass wenigstens etwas Aufregendes an diesem Tag passiert ist. Ich stand auf und lief mit pochendem Herzen los. Wie alt ist Chris eigentlich? Zwei oder drei Jahre älter als ich. Er sieht jedenfalls supergut aus und hat keine Schwierigkeiten, Mädchen aufzureißen. So eine wie ich, flach wie ein Brett, in Trainingshose und mit fettigem Pferdeschwanz, hätte nie eine Chance bei ihm.

Plötzlich stand ich vor seinem Haus.

Eine ganz andere Welt. Ein großer grüner Garten umgibt das schöne Einfamilienhaus, vor dem Haus sind schöne Blumen eingepflanzt, rote und weiße. Einige hunderttausend Mal bin ich hier vorbeigegangen. Doch noch nie war ich stehen geblieben, und noch nie war ich ganz allein. Ob er gerade mit seiner Familie darin frühstückte? Waren sie vielleicht sogar in der Kirche? Wahrscheinlich waren sie gar nicht zu Hause, sondern auf einem Ausflug.

Ich verspürte den Wunsch, mir eine dieser schönen Blumen vor der Haustür zu pflücken, doch ich hatte Angst. Was, wenn seine Mutter oder sein Vater aus der Tür kommen würden? Oder, noch viel schlimmer, er höchstpersönlich? Ich würde vor Scham in den Erdboden versinken. Doch der Wunsch, diese Blume zu pflücken, war zu stark. Ich *musste* es tun. Gerade als ich mich hinabbeugte, öffnete sich die Tür. Ich schaute hoch. Chris stand da, im Morgenmantel und mit mürrischem Blick.

«Was machst du da, Kleine?»

Mein Herz schlug wie verrückt. Was sollte ich tun? Zum Weglaufen war es schon zu spät. «Entschuldigung», stammelte ich, «ich wollte nur ... tut mir so Leid ... eine Blume pflücken.»

Ich war auf das Schlimmste gefasst. Würde er mich anschreien oder sogar die Polizei rufen? Doch Chris stand nur ruhig an der Tür. «Dann nimm die Blume», sagte er, «und verschwinde endlich!» Mehr genervt als verärgert.

Auf Befehl pflückte ich eine der Blumen, ohne zu merken, welche. Dann sah ich zu, dass ich wegkam. Ich war verwirrt. Es war nichts geschehen. Jetzt, wo es vorbei war, wünschte ich, dass etwas passiert wäre. Bitte, lieber Gott, nur eine Kleinigkeit! Wenn er mich nur ausgeschimpft hätte. Das wäre wenigstens etwas gewesen. Doch es war nichts passiert.

Heute Nacht würde mich keine Aufregung wach im Bett halten. Es ist nur ein ganz gewöhnlicher Tag gewesen. Ein langweiliger Sonntag.

■ *Viviane Huppertz* ■

SZeNeN

DAS ERSTE MAL mit Nash Kato und Urge Overkill bei ihm zu Hause, auf dem Sofa, in einer grauen Kleinstadt mit guter Bahnverbindung nach Köln, dem Mekka der guten Musik-Läden, angefangen bei Saturn, dem größten CD-Laden der Welt. Es war Karneval, aber das war egal. Es war Musik da, und das war wichtig. Außerdem hatte er wirre schwarze Haare, knochige Hände und lange Wimpern. Alles an ihm war lang und dünn. Und schön. Draußen war es ein bisschen feucht, die im Sommer ausreichend mit Liegestühlen bestückten Vorgärten waren matschig und ungemütlich, also gerade wunderbar. «Please come take my hand», hauchte Nash Kato, und Uma Thurman tanzte dazu, während John Travolta vor dem Badezimmerspiegel übte, sich zu verabschieden. Es war der schönste Film der Welt und das schönste Lied sowieso.

Er war so anders und ihr deswegen so ähnlich, und manchmal lachte er auch ein bisschen lauter.

In den Prunksitzungen, Clubs, Kneipen und auf den Kostümbällen pulsierte das Leben der komplett verrückt gewordenen Einwohner dieses Landes zwischen Dänemark und der Schweiz. Bei ihm zu Hause, vor und auf dem Sofa in der grauen Kleinstadt mit der guten Bahnverbindung in die große Stadt, pulsierten die Körper von fünf Menschen. Drei von ihnen, die vor dem Sofa, wussten nichts vom Karneval, von der grauen Kleinstadt, sie spielten nur perfekt ihre Rollen und hielten sich ans Drehbuch. Und an den Takt, den Rhythmus. Auf dem Sofa hielt sich niemand an etwas, und ein Drehbuch gab es gar nicht. Aber die Musik war da, und sie klang so wundervoll wie nie zuvor.

Man war zu zweit – zu fünft – allein. Das Zeug in der Flasche neben dem Sofa war kühl und lecker und dunkel. Und draußen regnete es. Vielleicht. Alles war so anders, schön. Und das Sofa so weich wie seine Hände knochig. «Don't you go». Die Musik laut und die graue Kleinstadt auf einmal aufregend. Der Puls raste, die Gedanken auch. Da war viel Bass. In allem. Da war überhaupt viel. Musik und Regen und Hände. Und Lippen und Zungen. Aber vor allem: er.

DAS ZWEITE MAL mit Oasis und manchmal auch mit Richard Ashcroft, bei seinem Freund zu Hause, auf einem Sessel, in der gleichen grauen Kleinstadt, einige viel zu lange Wochen später. Sein Freund wurde irgendwas, siebzehn vielleicht, kann aber auch achtzehn gewesen sein, die Eltern waren nicht da, nur die ältere Schwester, aber das war egal. Da war Musik, und das war wichtig. Außerdem hatte er immer noch wirre schwarze Haare, knochige Hände und lange Wimpern.

Draußen war alles grauer Schneematsch, auf dem Balkon und in der Küche wurde geraucht. Was es gab. Alle waren ein bisschen high und gelassen und aufgeregt, und alle fanden alles schön. «You're my sunshine, you're my rain», sang er leise mit und wiegte seinen Kopf im Takt dazu. Es war dunkel, und Kartoffelsalat klebte auf dem Parkett. Körper bewegten sich im Takt der Musik. Heute gab es Menschen nur im Doppelpack. Der Kartoffelsalat wurde festgetreten. Die Luft roch nach Zigarettenrauch, Alkohol, Polstergarnitur und Menschen. Aber vor allem nach ihm. Man hielt sich fest. Ein biss-chen und für die Ewigkeit. «DJ, play a song for the lovers to-night.» Lange nicht mehr so gut getanzt. Die Nacht sei mit dir.

Draußen regnete es Schnee, drinnen wurde es immer wär-mer. Er hatte sein schönstes Hemd an – er war schön. Sein Freund lächelte ihn wissend an und küsste ein Mädchen, das ein wenig wie das Mädchen aus der Levi's Werbung aussah. Nie schmeckte Wackelpudding so rot wie heute, nie hat es so Spaß gemacht, Wackelpudding zu essen. Nie waren Oasis bes-ser und John Lennon lebendiger gewesen. Man dachte an Nash Kato und an Karneval, und er legte seinen Arm um ihre Schultern. Ewigkeiten vergingen. Sie ließ ihren Kopf an sei-nen Hals fallen. Hände, Körper, Gedanken berührten sich. «The hindu times» ging zum x-ten, zum schönsten Mal von vorne los. Die Welt verlor sich im Nichts und in der Stimme Liam Gallaghers.

Zu zweit ist ein Sessel am schönsten besetzt. Wer jetzt nicht einfach da war, losließ in der Musik, in der Atmosphäre, Stra-tosphäre, der war selber schuld und gehörte nicht hierher. Er flüsterte ihr etwas ins Ohr und strich dabei mit seinen langen, knochigen Fingern über ihren Mund: Die Welt lächelte und klang nach einer großen bunten Champagne Supernova.

‹In the sky.›

CHAT: X-MAN

Woran denkst du bei dem Wort Herzklopfen
– schreib's ganz schnell ...

ANGST - SCHWEISSAUSBRUCH - TOD :)

Streit mit Mama

**Es ist kein gutes Gefühl - außer wenn ich
verliebt bin :)**

**Man hört das Blut im Hals schlagen, da
blubbert und brodelt es überall.**

Sag mir, welche Farbe es hat.

Rot - Violett - Gelb

Wann hast du Herzrasen?

**Bei Streit mit Leuten, die ich eigentlich mag.
Wenn mir jemand gleichgültig ist, dann nicht.**

Was musst du tun, damit jemand von dir
Herzrasen bekommt?

**Wenn die Person sich über mich ärgert und
ich COOLNESS bewahre.**

(Fortsetzung Seite 72)

TINA GRONE

■ *Bettina Bünker* ■

Fühl mal,

KITTY

«Fühl mal, Kitty, mein Herz, wie du es zum Rasen bringst.»

Ach, Opa! Opa ist verliebt in mich. Und raucht zu viel. Und ist gar nicht mein Opa. Ich nenn ihn nur manchmal so. Seit vier Wochen arbeite ich im Altenheim. Und muss jeden Tag Herrn Kambinskis Herz fühlen, wie es klopft und rast, und das alles gar nicht im Takt. Sein Herzfehler wird ihn bald sterben lassen. Aber er sagt, dass er verliebt ist in mich und dass sein Herz deswegen nicht mehr funktioniert. Das ist viel schöner, und ich lass ihn gewähren. Fühl sein Herz jeden Tag, wie es rast und sich schüttelt. Dann sage ich: «Opa, du wirst doch nicht etwa verliebt sein?», und Opa sagt: «Doch, in dich.»

Herrn Kambinskis Augen, die immer noch klar und braun sind und mich genau angucken, machen mich weich und traurig. Ich wünsch mir, dass das wirklich stimmen würde mit dem Verliebtsein, nicht das mit dem Sterbenmüssen. Wenn ich aus Herrn Kambinskis Zimmer heraus- und auf den langen weißen Altenheimflur komme, dann muss ich einmal tief durchatmen und die Tränen unterdrücken. Vor Anstrengung fängt auch mein Herz laut an zu klopfen. Ich spüre es genau in meiner Brust und taste dorthin, wo es schlägt.

Jan taucht hinten im Flur auf. «Hey, Kitty», lacht er, «hat dich Herr Kambinski mit dem Herzschlagfühlen schon angesteckt?»

Schnell nehme ich meine Hand weg und schüttel den Kopf. Jan lächelt noch einmal und guckt mich an, genau eine Sekunde zu lange. Dann geht er in die Gemeinschaftsküche.

«Nein, aber du», flüstere ich, «du bringst mein Herz zum Rasen. Wie ich das von Herrn Kambinski. So sehr, dass es mir fast aus der Brust fliegt und hin will zu dir.» Dann muss ich mich selbst und meine Sentimentalität belächeln. Zurzeit springt mich alles direkt an, mitten ins Herz. Kitty, mit dem Herzen in der Hand. *«Und mit den Gedanken im Nirgendwo»*, flüstert mir auf einmal jemand ins Ohr.

Atem streicht warm über meinen Nacken. Erschrocken drehe ich mich um. Jan steht grinsend vor mir. Hab ich etwa laut gedacht? Doch Jan geht schon wieder und lässt mich stehen. Während ich ihm hinterherschaue, dreht er sich noch einmal um und winkt mir kurz zu. Bis morgen!

Jan ist der Zivi auf unserer Station. Als ich vor vier Wochen auf der Station anfing, bekam er die Aufgabe, mich einzuweisen. Seine braunen kurzen Locken, die ihm gerade bis an die Augen reichen, strich er sich zurück und streckte sich ausführlich, bevor er vom Kaffeetisch aufstand. «Wer wagt es», sagte er, «mich aus meiner wohlverdienten Nachmittagspause zu holen – um sich Vorlagen, Gebisse und graues Haar zeigen zu lassen!» Seine Stimme klang bedrohlich, sein Lächeln war es nicht. Es war warm und ehrlich und geradeheraus.

Ich weiß, da ist ein stilles Einvernehmen zwischen uns. Und er weiß es so gut wie ich. Wenn wir uns anschauen, wird etwas greifbar und so einnehmend, dass es mir fast den Atem raubt. Beide kosten wir das aus, die Spannung, das langsame Herantasten, Sprechen und Verstehen zwischen den Zeilen. Wenn wir uns auf den Fluren oder in den Zimmern der Bewohner begegnen, gibt es kleine Berührungen. Jans Arm streift wie zufällig meinen. Und manchmal lässt er flüchtig meinen Pferdeschwanz durch seine Finger gleiten.

Am nächsten Tag geht kurz vor Dienstende mein Piepser. Mist, es ist keine Schwester da, der ich Bescheid sagen kann. Und dann ist das auch noch die Zimmernummer von Herrn Kambinski. Wenn der jetzt ...

Ich renne zum Zimmer hin, wo bereits das rote Lämpchen über der Tür hektisch aufblinkt. Von der anderen Seite des Flurs kommt Jan gelaufen. Gemeinsam gehen wir durch die Tür in den bereits dunklen Raum. Es ist Abend. Wir hören ihn atmen, schwer.

«Kitty, bist du da?» Die Worte klingen gepresst vor lauter Anstrengung. «Ja, Opa, ich bin's.»

«Komm her, mein Mädchen.»

Opas Stimme ist nicht mehr als ein heiseres Keuchen, und er muss beim Sprechen viele Pausen machen, mühsam Luft holen. Schnell trete ich an sein Bett.

«Kitty, fühl mal, mein Herz, das rast. Das kommt von dir.»

Zitternd lege ich meine Hand auf Opas Brust. Sein altes Herz flattert wie ein junger Vogel.

«Sag mal, Opa, bist du etwa verliebt?» Die Gewissheit, dass ich diese Frage zum letzten Mal stelle, lässt meinen Magen sich zusammenkrampfen. Da spüre ich, wie Jan meine andere Hand nimmt, sie kurz drückt und dann streichelt. Er lässt sie los und geht an die andere Seite vom Bett. Dort nimmt er Opas Hand in seine. «Komm, Kitty, gib mir deine Hand.»

Übers Bett hinweg reiche ich Jan meine freie Hand, die er warm umfasst.

Opas Herz ist auf einmal ganz still.

Sekunden der Leere. Dann:

«Fühl mal, Kitty – mein Herz, das rast, das kommt von dir.»

Ganz heiser ist die Stimme. Jans Stimme.

■ *Susanne Breuer* ■

Ich liebe
die LIEBE ...

Mallorca, 27 °C. Marco. Braun gebrannt, wunderschöne braune Augen, lange Haare. Wow. Begehrlicher Blick von links. Eleganter Kopfsprung in den strahlend blauen Pool, das Lächeln in meine Richtung strahlt weiß. Mehr oder weniger eleganter Kopfsprung meinerseits. «Hi!» Ich versinke in einem braunen Meer. Zwei Stunden später berühren sich unsere Lippen.
Mein Herz schlägt, bummert, springt, hüpft.

7.30 Uhr, Linie 390. «Morgen!» – «Hey, gut geschlafen?»

Paris. Sommer. François. «Bonjour, mademoiselle! Un café?» Sehr französisch und sehr süß. «Sicher, ääh, bien sûr!» Blond, braune Augen, Hippie. Stylisch und außerordentlich charmant. Paris, die Stadt der Liebe. Der Eiffelturm, hell beleuchtet. Seine Augen strahlen mich an. Raue Lippen an meinem Ohr. «Du bist wunderschön!» Danke, und du küsst gut. Très romantisch.
Mein Herz schlägt, bummert, springt, hüpft.

Es regnet. «Hi, Tim, schön, dass du mir hilfst!» Dreckige Anstreicherklamotten. Das Zimmer wird blau und weiß. Lustige Farbschlacht nach einem sehr erfolgreichen Tag. Glücklich und stolz.

Bayern. Winter. Ingo. «Schau mal, der ist süß!» Da hat sie Recht. Die Piste ist gerade frisch. Es ist Sauwetter, mir ist kalt. Endlich im Lift. «Hey, schöne Frau, so traurig?» Blonder, deutscher Schuhplattler mit Sinn für Humor. Die helfenden Hände bleiben länger als nötig liegen. Nach drei Jagertee eine der helfenden auf meiner Brust und viele Küsse.

Mein Herz schlägt, bummert, springt, hüpft.

Party. Spät. «Boah, Scheiße!! Ich glaub, ich muss kotzen!» Freundlicher Beistand beim Umarmen der Kloschüssel. Der Kater hat mich im Griff, aber Tim putzt. «Danke, ich bin dir was schuldig!»

Bochum. *Happy birthday, Kathi!!!* Wen meine Freundin nicht alles kennt. Also, ich kenn hier keinen. Plötzlich eine Hand mit einem Glas. «Kathi hat gesagt, du bist einsam!» Den Rest des Abends bin ich es nicht mehr. Ein feuchter Kuss über das Bierglas. «Ich bin übrigens Jan.»

Schön, aber noch schöner sind deine Augen. Richtig blau. Und deine Zunge schmeckt auch nicht schlecht.

Mein Herz schlägt, bummert, springt, hüpft.

Ein schöner Frühlingstag.

«Wer als Erster auf dem Berg ist, hat gewonnen!!!!»

«Fuck, meine Kette ist gerissen!»

Misslungene Tour, aber lustiger Abend.

«Hey, Tim, nächstes Mal gewinn ich!»

München. Oktoberfest. Mirko. Das Bier läuft in Strömen. Viele nette Leute und viele nette Kerle. Irgendwann sind alle, die ich kenne, weg. Langweilig. Mhm, grüne Augen starren mich ununterbrochen an. Ganz nett. Wieder irgendwann sitzt er neben mir. Der sieht echt verdammt gut aus. Wir kommen uns näher. Unsere Münder verschmelzen.

Mein Herz schlägt, bummert, springt, hüpft.

Es riecht angebrannt. «Ich glaube, das war etwas lange drin.»

«Lach nicht.» Selbst Maggi kann einem das Kochen nicht beibringen. Trotzdem schmeckt es sehr gut.

«Wenn wir jetzt noch Kerzen hätten ...» Er schaut mich an. Tim. Blaue Augen und helle Haare. Tim. Er blickt mir in die Augen. Keiner sagt etwas. Warum? Er nimmt meine Hand. Ich schaue ihn an und vergesse alles. Mein Herz steht still.

... die Liebe liebt mich,
doch den,
den ich liebe ...

NORA LANDWEHR >>>

• *Eva Fuz* •

Nur
etwas
LIEBE

Kinder, die in der Pause Fangen spielen, rasen wie der Wind an mir vorbei. Ich höre das Kreischen der Mädchen, wenn sie den Gang erobern und vor den Jungs fliehen. Hinter mir laufen zwei Mittelstuflerinnen, die gnadenlos über ein anderes Mädchen lästern. Ich laufe zu langsam für sie und werde überholt. Ein wertender Blick streift mich dabei, der meine Körperform, meine Größe und mein Alter abschätzt. Ich bin nicht interessant für sie, eine wesentlich jüngere Schülerin wird von den beiden Augenpaaren erfasst. Ich laufe weiter. Versuche, mich zu konzentrieren, nicht auf die Geräusche, die Blicke zu achten. Das alles ist jetzt unwichtig, fast lächerlich in Anbetracht meiner Situation. Immer näher komme ich der großen Tür, die ich am liebsten übersehen würde und deren bloße Existenz ich verwünsche. Aber es führt kein Weg an ihr vorbei, ich muss eintreten.

Im Zimmer herrscht ähnliches Chaos wie auf den Gängen. Fast meine ganze Klasse ist schon versammelt. Um mich herum höre ich ständig diese Formeln, die ich hätte lernen sollen. Ich fühle mich fehl am Platz. Selbst meine Freundin wirkt fremd, murmelt vor sich hin. Sie begrüßt mich nicht einmal. Die Formel ist wichtiger.

Ich steuere auf den letzten freien Platz zu, direkt am Fenster. Die Formel klingt noch nach in meinem Kopf. Ich kann sie nicht, nur Bruchstücke sind hängen geblieben. *kraftgleich-minusgegenkraft*.

Was ist Gegenkraft? Die, die mich auf den Stuhl zwingt? Meine Beine werden weich, meine Knie wackeln. Welche Kraft ist gesucht? Meine? Kann nicht sein, ich hab keine. Ist Kraftlosigkeit die Gegenkraft?

Zu spät für solche Fragen. Mit dem Ertönen der Schulglocke betritt der Lehrer das Zimmer. Pünktlich wie immer. Unsere Blicke treffen sich, dann ein Lächeln seinerseits. «Na, alles klar?»

Er weiß, dass ich den Stoff nicht kann, sonst würde er nicht fragen. Die anderen fragt er schließlich nicht.

Ein weißes Blatt landet auf meinem Tisch. Ich weiß, ich darf es noch nicht umdrehen. Er ist sehr genau, die sekundengenaue Gerechtigkeit in der Arbeitszeit muss gewährleistet sein.

Jetzt kann ich mir die Aufgaben durchlesen. Ich habe fünf Minuten Zeit, Fragen zu stellen, danach ist der Lehrer nicht mehr ansprechbar. Ich bin auf mich allein gestellt. Mein Kopf glüht, mein Herz schlägt mit erhöhter Geschwindigkeit. Ich verstehe die Aufgaben nicht. Gefragt ist die Berechnung des Impulses. Das Hämmern in meinem Kopf gibt Impulse weiter. Es schmerzt. Ich stelle die erste Frage zurück, gehe zur nächsten. «Beachte, dass der Energiesatz erfüllt sein muss!» Er gibt immer kleine Hilfen bei den Arbeiten. Jemand wie ich braucht Hilfe, aber nicht solche. Ich kenne den Energiesatz nicht. Ich denke an die Energie, die in jedem Menschen steckt. Gibt es für meine Energie einen Satz? Ich erfülle ihn sicherlich nicht. Was ich nicht kenne, kann ich nicht erfüllen. Also versuche ich mich an der letzten, der dritten Aufgabe. «Ein Körper mit der Kraft von ...» Sofort muss ich an die Worte meiner Freundin denken. *kraftgleichminusgegenkraft*. Ist mein Herz die Gegen-

kraft? Es schlägt rasend schnell, zieht alle Energie aus mir heraus. Darum kann es so schnell schlagen, während meine
Beine gelähmt sind.

Ich atme tief durch. Das sollen wir immer, wenn wir nicht
weiterkommen mit der Antwort. Ich habe noch nicht zu rech-
nen angefangen. Ich verstehe die Fragen nicht. Ich lasse meinen Blick über die Klasse schweifen. Alle schreiben, denken,
wissen. Ich kann das nicht sehen. Also blicke ich in den
Schulhof. Die Bäume biegen sich im Wind und rauschen. Das
Fenster ist geschlossen, es ist schalldicht, sagt der Hausmeis-
ter. Ich kann kein Rauschen hören, aber ich stelle es mir vor.
So ist es viel schöner. Meine Gedanken driften ab, sind weit
entfernt von den Aufgaben. Ich denke an den Urlaub am
Meer, auch hier kann ich das Rauschen der Wellen hören. Ich
bin allein, werde nicht gestört. Meine Eltern kommen mir in
den Sinn. Sofort erwache ich.

Meine Hände sind nass, sie haben das Papier gewellt. Mein
Atem wird unruhig, hektisch. Sie werden wütend sein. Ich
habe wieder nichts geleistet, ich bin eine Schande. Sie wün-
schen, es gäbe mich nicht. Ich höre schon den scharfen Ton
meiner Mutter, wenn sie mich nach dem Verlauf der Klassen-
arbeit fragt. Ich schließe die Augen. Ihre Worte werden hämmern wie mein Herz in diesem Moment.

Sie versteht nicht, dass ich Angst habe. Schon beim Lernen
rast mein Puls, weil ich weiß, dass ich versagen werde. Sie hat
immer alles verstanden, findet es schade, dass ich nicht nach
ihr komme. Dann wäre ich nicht so unausstehlich. Mein Vater
stimmt ihr zu. Zu zweit werden sie wohl Recht haben. Sie sind
älter, haben Erfahrung. Ich weiß gar nichts, soll mich nach
ihnen richten, dann könnte ich meine Fehler kaschieren.
Genau das werden sie sagen – wie nach jeder Klausur.

Ich sehe auf die Uhr. Noch zehn Minuten. Mein Blatt ist

immer noch leer. Es wird sich nicht füllen, ich wüsste nicht womit. Stattdessen füllen sich langsam meine Augen mit Tränen. Ich versuche sie zurückzuhalten, aber es funktioniert nicht. Sie kommen einfach. Ohne zu fragen. Eine nach der andern tropfen sie auf mein Blatt. Ich halte es nicht länger aus! Meinen Lippen entweicht ein leises Wimmern, bevor ich laut zu schluchzen beginne. Alle starren mich an. Mir kommt wieder die Gegenkraft in den Sinn. Ich versuche, gegen die Tränen anzukämpfen, aber je mehr ich mich bemühe, desto größer wird die Pfütze auf meinem Blatt. Mit dem letzten Rest meiner Kraft stürme ich aus dem Klassenzimmer.

Im Gang ist es jetzt still und leer. Ich lasse mich auf den Boden gleiten und lehne mich an die Wand. Ich bin allein. Endlich. Ich kann weinen, so viel ich will. Das befreit etwas. Der Lehrer kommt zu mir. Er hält mein leeres Blatt in den Händen. Ich finde, er stört, aber er bleibt.

Seine tröstenden Worte sind nett gemeint, doch sie nützen nichts. Er will mir den Stoff, den ich nicht verstanden habe, nochmals erklären. Er hilft mir gerne, sagt er. Er weiß nicht, dass es nicht um den Stoff geht.

Er begleitet mich ins Krankenzimmer, sagt, ich solle mich hinlegen und beruhigen, dann geht er wieder. Er hat eine Klasse zu beaufsichtigen. Ich bleibe liegen. Was soll ich sonst tun? Woanders wäre ich nicht allein. Um mich herum ist es düster und trostlos.

Ich weiß nicht, wie lange ich schon hier bin. Da geht die Tür auf. Sicher die Sekretärin, die nach mir sehen will.

Ich schaue in ihre Richtung. Es ist meine Mutter! Sie muss sich beeilt haben, hat sich nicht einmal die Zeit genommen, ihre Frisur zurechtzulegen. Dass ich ihr so wichtig bin!

Ich erwarte eine Standpauke. Ich habe mich gehen lassen, konnte mich nicht beherrschen, und das leere Blatt spricht wohl für sich. Aber nichts von alledem geschieht. Sie setzt sich zu mir auf die Bettkante und sieht mir lange ins Gesicht. Mitgenommen sieht sie aus, Tränen treten in ihre Augen. «Es tut mir Leid!», sagt sie und nimmt mich in den Arm. «Es tut mir Leid.» Sie wiederholt es immer wieder.

Wie auf einen Schlag beruhigt sich mein Puls, und es wird heller um mich herum. Ich bin gerettet, und ich danke ihr.

CHAT: FLO

Herzrasen, wann fuehlst du es?

Sehr verliebt sein.

Wann hast du es das letzte Mal gefuehlt?

Letztes Wochenende, aber frag nicht, warum, wahrscheinlich aus DUMMHEIT, da gibt's nicht viel zu erzählen, sie ist älter als ich und nicht an mir interessiert. Das Übliche eben.

Du hast Angst vor diesem Gefuehl?

Früher weniger, jetzt schon. Ich habe Angst davor, wieder verletzt zu werden. Aber ich finde dieses Gefühl wunderschön ...

Wie wuerdest du jemandem dieses Gefuehl beschreiben?

Ich würde versuchen, bei diesem Menschen dieses Gefühl zu verursachen. Erklären kann man Gefühle eh nie richtig. Vielleicht so: Herzrasen hab ich immer, wenn ich geblitzt werde.

Ah, verstehe, wenn du selbst rast :)

Ja allerdings, aber ich denke, das ist eher der Schreck.

Welche Farbe hat Herzrasen?

Etwas von jeder - aber trotzdem jede für sich.

Wer bringt dich zum Herzrasen?

Eine schöne Frau, die mich anlächelt ...

Was denkst du, musst du tun, damit jemand dieses Gefuehl von dir geschenkt bekommt?

Ich weiß nicht ganz, meist mache ich nichts, und es passiert trotzdem. Manchmal versuche ich, es darauf anzulegen und es klappt einfach nicht, ist eben unterschiedlich. Ich weiß nur eins: Ich hätt gern mal wieder Herzklopfen, und das nicht nur von meiner Seite aus.

(Fortsetzung Seite 84)

■ *Annabell Tesdorf* ■

* T r ä u m *

* ins Schaufenster schau *
* Titel les *:
* *Herzras* *
* lächel *
* kurz Augen schließ *
* von Chris träum *
* an dreckige Dinge denk *
* schmunzel *
* weitergeh *
* verträumt durch die Menge schlender *
* an seinen Po denk *
* seufz *
* mit verschleiertem Blick nach vorne schau *
* seinem Blick begeg *
* rot werd *
* schluck *
* verlegen wegschau *
* Herz in Ohren rasen hör *
* wieder hinseh *
* lächeln versuch *
* Lächeln ernt *
* schnell auf Boden schau *
* Hand auf Herz leg *
* nervös an Haaren zupf *
* auf Lippe kau *

* Mut zusammennehm *
* ihn anseh *
* auf ihn zugeh *
* mit Zähnen knirsch *
* «Hi» stammel *
* begrüßt werd *
* Kompliment hör *
* verlegen «danke» sag *
* zu Boden blick *
* seine Hand an Kinn spür *
* verwirrt in seine Augen schau *
* Lächeln wahrnehm *
* zurücklächel *
* Daumen auf Lippe langfahren spür *
* schluck *
* Herz in Lippe rasen spür *
* weiteres Kompliment über Augen hör *
* nochmal «danke» stammel *
* unterbrochen werd *
* seine Lippen zärtlich auf Mund spür *
* Augen schließ *
* «Chris» flüster *
* räuspern hör *
* aufschreck *
* Chris in Schaufenster spiegeln seh *
* rot werd *
* Herzrasen bekomm *

NORA LANDWEHR ▶▶▶

■ *Ellen Krüger* ■

Die Macht
der EINSAMKEIT

Es hat wieder mal die Nacht durchgeregnet. Die Badezimmerwand hinab zieht sich eine neue schmierige schwarze Schliere. Mir ist das gleichgültig. Ich habe mich an die Rotznasenlandschaft meines Badezimmers gewöhnt, warum sollte ich mich dafür schämen. Besuchern kann ich das immer noch als abstrakte Kunst verkaufen – und bisher kam niemand.

Seit einem Jahr lebe ich jetzt in dieser Altbauwohnung, Vorderhaus, 1. OG, anderthalb viel zu hohe Zimmer mit Ofenheizung, ohne Fahrstuhl. Irgendwann habe ich mein bisheriges Zuhause verlassen, es war eine Nacht-und-Nebel-Aktion ohne Goodbye oder so gewesen. Weg von meinem Jurastudium und roten Gesetzesbibeln, vom «Wirmeinen'sdochnur gut»-Gerede meiner Eltern. Seitdem haben wir keinen Kontakt mehr. Ich dachte, in der neuen Stadt könne alles nur besser werden – aber was versteht man schon unter «besser»?

Die Stadt scheint ein unentwirrbarer Dschungel zu sein, überall spielen sich laute Revierkämpfe ab. In mein Revier ist wieder einmal der Regen eingedrungen.

Ich arbeite im Call-Center einer großen regionalen Tageszeitung. In der Abonnentenbetreuung. «Meine Zeitung war wieder total nass. Können Sie dem Zusteller nicht endlich mal sagen, dass er sie *vollständig* in den Briefkasten zu stecken hat?», dröhnt es in mein Ohr. Oder: «Die Zeitung ist immer noch nicht da. Ist mein Zusteller in einer Pfütze stecken geblieben?»

Heute nicht. Heute unterhalte ich mich weder mit netten noch mit unnetten Abonnenten. Heute hab ich frei.

Ich krieche wieder ins Bett und rolle mich tief in die geblümte Biberbettwäsche ein. Mit irgendwelchen Leuten zu reden ist besser als mit gar keinen. Leere macht sich in mir breit. Staubflocken tanzen in der Luft. Ich habe noch nicht geheizt.

Schöne Freiheit. Einsame Freiheit. Alles Mögliche habe ich unternommen gegen diese Einsamkeit. Kontaktanzeigen im Stadtmagazin, Volkshochschulkurse – alles blieb oberflächlich, Gemeinschaftsgefühl entwickelte sich nur für kurze Zeit. Ich wirkte wohl nicht besonders kontaktbedürftig – ich konnte den anderen einfach nicht eingestehen, wie einsam ich war.

So bleibe ich allein mit dem Regen, der Rotznasenwand, der geblümten Bettwäsche. Mit der Freude an unpersönlicher Post und an der Konversation mit Postboten und genervten Supermarktkassiererinnen.

«SCHLUSS MIT DEM SELBSTMITLEID!», befehle ich mir selbst.

Vielleicht wird es besser, wenn ich aus dem Fenster sehe. Manchmal hilft das. Dann sehe ich andere Menschen und freue mich über die, die alleine gehen. Auch wenn zu Hause wahrscheinlich jemand auf sie wartet.

Ich trete ans Fenster. Der Bürgersteig glitzert noch regennass. Ich bin wieder mal viel zu früh aufgewacht, es ist noch halb dunkel. Menschen sehe ich nicht, gar keine. Nur Häuserreihen mit meist dunklen Fenstern. Und bei den hellen sind die Jalousien heruntergelassen. Keine Beute für Voyeure.

Ich starre eine Weile auf die gegenüberliegende graue

Häuserwand. Am liebsten würde ich weinen, aber das habe ich auch schon aufgegeben. Seit Monaten klappt das schon nicht mehr.

Eine alte Frau, vielleicht Mitte siebzig, taucht plötzlich auf, wie aus dem Nichts. Sie geht langsam, trägt eine Regenhaube über ihrem dauergewellten, grauen Haar. Soweit ich es im Halbdunkel erkennen kann, ist ihr Mantel bordeauxrot. In der Hand trägt sie eine grün-rot-karierte Tasche.

Wohin sie wohl geht? Ob sie Kinder hat, Enkel? Vielleicht kann sie nicht schlafen.

Plötzlich sticht es in meiner Brust. Warum kann ich nicht ihre Enkelin sein, und sie kommt mich besuchen? Vielleicht weckt sie noch selbst ein und bringt mir Erdbeeren mit, «damit du genügend Vitamine bekommst»?

Ich hole tief Luft. Ruhig bleiben. Die alte Frau ist plötzlich stehen geblieben, fasst sich an die Brust und atmet schwer. Vielleicht freut sie sich so sehr darauf, mich zu besuchen, dass sich ihr schwaches Herz bemerkbar macht. Wie gebannt starre ich zu ihr hinunter.

Mein Herz klopft lauter. Beruhigend lege ich die Hand auf meine Brust. In mir drin lebt es.

Ich sehe die Frau unten immer noch stehen und japsen.

Ein Impuls hält mich oben fest, obwohl ich das nicht will.

Ich will laufen. Hinunter. Zu ihr.

Im Laternenlicht sehe ich ihr Gesicht glitzern. Regenwasser oder kalter Schweiß? Sie wirkt verkrampft. Presst ihre faltige Hand immer fester gegen ihre Brust, dorthin, wo das Herz sitzt.

«*Hol Hilfe! Ruf den Arzt!*», hämmert es in mir. Doch ich kann mich nicht rühren.

Warum geht sie nicht weiter? Zwei Treppen zu mir hoch, da könnte sie sich ausruhen, und wir würden gemeinsam auf

den Arzt warten. Warum soll immer ich auf andere Leute zu-
gehen? Dumpfer Schmerz brennt in meiner Brust. Macht,
Zorn und Mitleid auf einmal.

Plötzlich torkelt sie, keucht, für mich unhörbar, aber ich
habe es an ihren Bewegungen gesehen. Kurz hebt sie noch
den Kopf, blickt hoch zu den anonymen Häuserreihen. Ihr
Blick wirkt hilfesuchend, panisch. Trotz ihrer Todesangst sehe
ich ihre Liebenswürdigkeit.

Ob sie mein Licht hinter dem Fenster gesehen hat? Gleich
nach diesem Blick sackt sie auf dem Bürgersteig zusammen.

Mein rasender Puls sinkt wieder.

Ihr bemantelter Rücken liegt auf den kalten, nassen Stei-
nen. Die karierte Tasche liegt neben ihr, die Arme sind weit
ausgestreckt. Das Gesicht kann ich nicht sehen, es ist abge-
wandt.

«Jeder stirbt für sich allein», denke ich und wende mich ab.
«Hilf ihr doch! Ruf den Arzt!», wimmert eine Stimme leise in
mir, doch ich schüttle sie ab. Hilft mir jemand?

Ich ziehe die Gardinen zu, lösche das Licht, tapse in das
Rotznasenbad und suchte nach Schlaftabletten und Ohropax.
Dann lege ich mich ins Bett und ziehe mir die geblümte Biber-
bettdecke über die Ohren.

Als ich aufwache, ist es Nachmittag. Die Sonne scheint, auf
der Straße ist nichts zu sehen.

Als wäre nichts geschehen.

Fast.

Mein Kopfkissen ist feucht.

In mir ist das Bild einer alten Frau mit Regenhaube.

Mein Brustkorb scheint zu eng zu sein für mein heftig klop-
fendes Herz, das ihn zu sprengen droht wie Dynamit.

Und ich weiß, dass mir das bleiben wird. Für immer.

■ *Daniel Schmelzer* ■

Maus – Katze – Katz[e]
Maus – MAU[S]

BUM BUM BUM.

Leere Augenblicke, gezeitenüberfliegend.

Das Herz wollte der kleinen Maus aus der Brust springen, als sie stoppte.

Sie wusste, dass sie in der Ecke gefangen war.

Nein!

Aus.

Ja, sie war gefangen. Die Beinchen knickten ihr weg.

Ende!

Sie schlug die Pfoten vors Gesicht – jetzt!

Drehte sich zitternd um, tonnenschwer.

Ganz langsam, ganz vorsichtig.

Da ist er. So nah!

Schon verdunkelte die herabfahrende Pranke des Katers das Grinsen der Zimmerlampe.

«Warum?», schrie es aus ihr.

Warum können wir nicht Freunde sein?

Wir beide gegen den Rest der Welt, zusammen. Ab jetzt Freunde.

Der Schrei verklang.

Längst hatte sich das kleine Bündel aufgegeben. In einer

– KATZE . . .

fernen Zeit, an einem fernen Ort wartete es vergeblich auf den Schlag. Wartete auf den Tod. Wartete ...

Nichts geschah. Nichts.

Und mittendrin eine schneebedeckte Landschaft, totenstill.

Ja, man kann heute unglaublich weit sehen.

Nichts.

Langsam öffnete die Maus ein Auge und blinzelte durch einen Pfotenschlitz.

Vorsichtig, ganz langsam.

Der Kater hatte seine Pranke gesenkt.

Seine riesige Pranke lag jetzt direkt vor der Maus, füllte den ganzen Horizont aus.

Die Kleine war noch da, allein. Sie bibberte.

Wie zwei Sonnen starrten die Augäpfel des Katers auf sie herab und blendeten sie.

Jahrtausende vergingen.

Nichts geschah.

Der Kater dachte. Er dachte nach, dachte über viele Dinge nach. Aus dem kleinen Leckerbissen da unten waren wie ein weicher Hauch Worte gekommen: **Warum. Freunde – Katze – Maus. Ab jetzt Freunde.**

Er überlegte. Er dachte über vieles nach, besonders über diese eigentlich so schlichten, kleinen Worte. Eigentlich so schlichte, kleine Worte. Unmöglich! – Natürlich. Ganz schön klein. Er dachte über diese doch so kleinen Worte nach.

Der Kater lag noch lange vor seinem Frühstück und dachte. Er blieb sogar noch liegen, als er die Maus längst verspeist hatte. Doch auch als sein Hunger gestillt war, fand er keine Antwort.

Die Zimmerlampe grinste.

Irgendwann war es ihm dann doch zu blöd. Er stand auf, ging fort und führte noch ein langes, glückliches Leben.

CHAT: TOM, PILOT
IN AMERIKA

Grad mit dir - wenn's mich erwischt - oder bei Prüfungen - oder beim Schaukeln früher.

Und wenn du in den Flieger steigst, hast du dann keins?

Nein, wieso?

Weiss nicht, stell ich mir so vor ...

(Fortsetzung Seite 93)

■ *Claudia Ungersbäck* ■

Am anderen
E N D E der Bar

Da stehst du. Am anderen Ende der Bar – genau gegenüber von mir. Du bestellst dir ein Bier und starrst es lange an. Drehst die Flasche, bevor du den ersten Schluck nimmst. Das alles sehe ich. Traurig wirkst du, aber ich glaube, du denkst nur nach. Weil du keinen zum Reden hast – genau wie ich.

Jetzt hast du zu mir herübergeschaut. Vielleicht denkst du dasselbe über mich. Dass ich traurig wirke – und eigentlich nur nachdenke. Darüber, ob ich mich zu dir stellen soll. Und dich einfach frage, wie's dir geht.

Aber ich verwerfe den Gedanken sofort. Wer weiß, ob du mit mir reden willst. Wahrscheinlich denkst du bloß, wie traurig ich aussehe, müde und fertig. Überhaupt, wenn du mit mir reden wolltest, dann würdest du zu mir kommen und einfach fragen, wie's mir geht.

Du hast schon wieder hergeschaut – ich hab's genau gesehen. Aus dem Augenwinkel, aus dem ich dich schon die ganze Zeit beobachte.

Ich spüre, wie es warm wird in meinem Bauch – wie lebendig ich mich plötzlich fühle. Wie mein Herz zu klopfen anfängt und höher rutscht – fast bis zum Hals. Wie meine Kehle plötzlich trocken wird und ich schnell einen Schluck aus meiner Flasche nehmen muss.

Ich schau nochmal verstohlen zu dir und merke, dass du dein Bier schon fast ausgetrunken hast. Insgeheim gebe ich mir zehn Minuten – wenn du bis dann nicht zu mir gekommen bist, geh ich zu dir rüber und sprech dich an. Da, schon wieder hast du hergeschaut, und ich starre beschämt auf meine Hände und trau mich nicht, dich anzusehen. Mein Herz schlägt wie verrückt.

Ich sehe sicher blöd aus, und meine Frisur ist schrecklich – warum hab ich mich eigentlich nicht geschminkt heute?

Ich sehe auf, und du siehst immer noch her. Unsere Blicke treffen sich kurz, und ich lächle schnell. Du auch.

Mein Herz klopft und hämmert, sodass ich fürchten muss, dass du's hören könntest. Bis zum anderen Ende der Bar. Ich nehme noch einen Schluck aus der Flasche und rutsche nervös auf dem Barhocker herum. Warum kommst du nicht einfach rüber?

Ich würde so gerne zu dir gehen, aber was soll ich nur sagen? Oder noch schwerer – was ist dann? Was ist, wenn wir nichts zum Reden wissen? Ich sehe, dass du ausgetrunken hast, und beobachte, wie du dein Geld abzählst. Du stehst auf und siehst mich nochmal an – bevor du an mir vorbeigehst und die Bar verlässt. Ich sehe dir nach, mit klopfendem Herzen, und starre die Tür an. Vielleicht kommst du ja wieder, vielleicht hast du etwas vergessen?

Ich bestelle noch was zu trinken und beobachte die Tür. Aber du kommst nicht wieder. Ich starre auf den leeren Platz – mir gegenüber, am anderen Ende der Bar. Ich denke nicht mehr nach – jetzt bin ich einfach nur traurig.

MELTEM BALKAYA ➤ ➤

MELTEM BALKAYA >>>

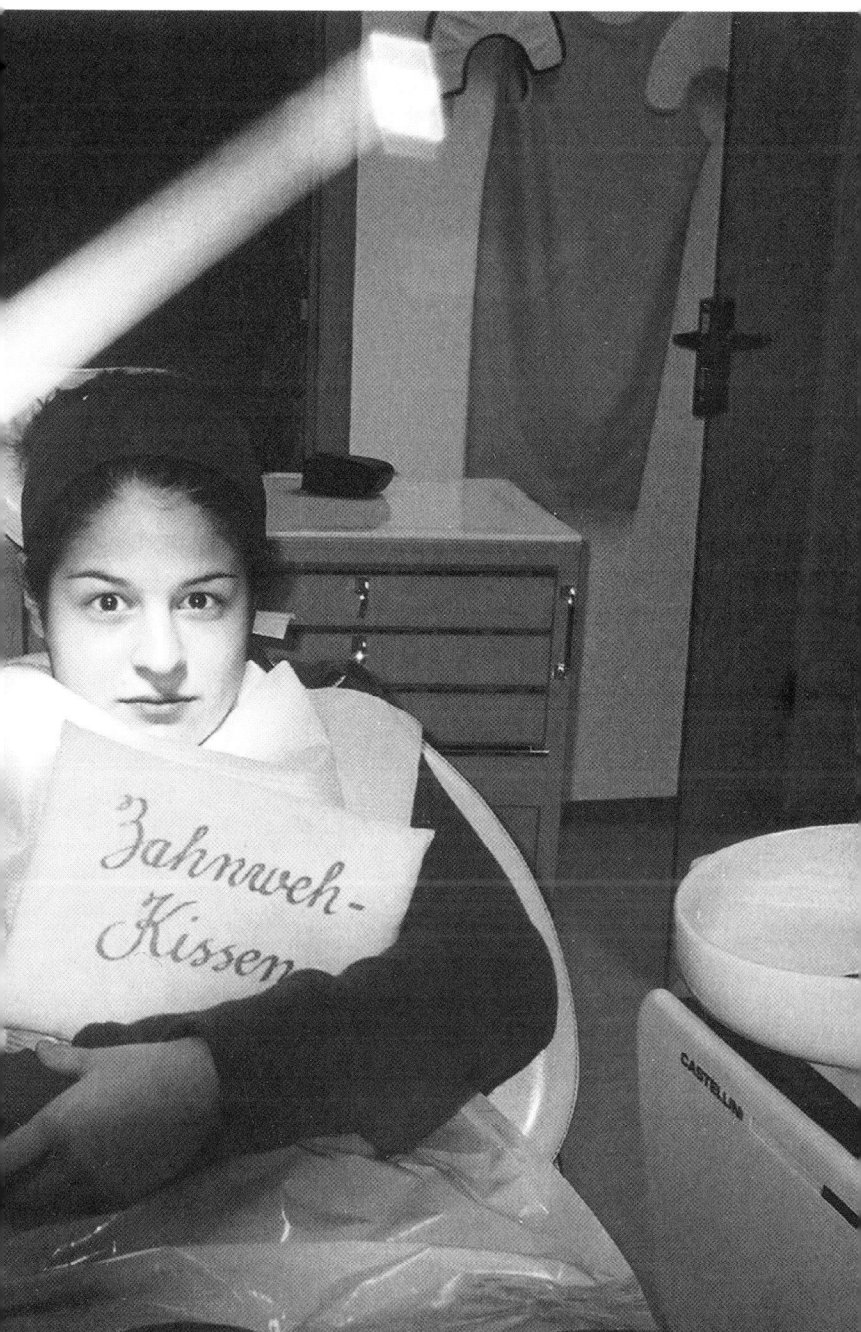

■ *Juliane Gross* ■

BACK Home

Es ist 15.30 Uhr. Ich warte. Du hast gesagt, du kommst mal kurz vorbei, aber wann, hast du nicht gesagt. Das machst du nie, und trotzdem warte ich immer wieder auf dich. Aber diesmal ist alles anders. Da ist etwas, was fehlt. Es ist dieses bestimmte Gefühl, das immer kommt, wenn ich auf dich warte, und das immer stärker wird, je länger ich warten muss. Aber gerade heute fühle ich es nicht. Das ist merkwürdig, denn heute warte ich schon viel länger als sonst. Um genau zu sein: fast ein Jahr.

Kann man überhaupt nur mal kurz vorbei kommen, wenn man vorher ein Jahr nicht da war? Du warst in Amerika. Ich erinnere mich noch an den Tag, als du es mir sagtest. Es war der erste, warme Tag in dem Jahr. Ich war bei dir, und alles war wie immer. Doch plötzlich bist du ernst geworden und hast gesagt, du würdest weggehen. Ich konnte nicht glauben, dass du plötzlich nicht mehr drei Blöcke von mir, sondern am anderen Ende der Welt sein würdest. Dass ich ein ganzes Jahr ohne dich aushalten müsste.

Doch dann kam es noch schlimmer.

Du hast gesagt, dass du mir nicht zumuten willst, dass ich ein Jahr auf dich warte. Dass wir besser eine Art Beziehungspause einlegen und weitersehen, wenn du wieder da bist. Weil es so vielleicht leichter für uns würde – vor allem, weil wir ja noch nicht so lange zusammen sind.

Ich konnte nur nicken. Weil ich das Gefühl hatte, dass alles gesagt war, bin ich aufgestanden, hab dir einen Kuss gegeben und bin gegangen. Eine Woche später hast du bei mir angerufen und nachgefragt, ob auch alles in Ordnung sei. Wir redeten nicht viel. Du hast gesagt, dass du mich vermissen wirst und dass du schon in knapp einer Woche weg bist. Das schnürte mir die Kehle zu, wir sprachen nicht mehr lang miteinander. Es war das letzte Mal, dass ich was von dir gehört habe – bis jetzt.

Als gestern das Telefon klingelte, dachte ich, es wäre eine meiner Freundinnen. Doch dann hörte ich deine Stimme. Sie klang so vertraut und doch fremd. Du hast mir von Amerika erzählt, und schon da merkte ich, dass etwas nicht stimmt, dass etwas fehlt. Etwas, das früher da war.

Jetzt stehe ich von meinem Sofa auf und gehe ungefähr zum zwanzigsten Mal heute zum Spiegel. Ich habe mich nicht stärker geschminkt als sonst, eigentlich wie immer. Mein Lidstrich sitzt da, wo er auch sonst immer sitzt, unter meinem Auge. Vor einem Jahr ist er oft als schwarze Träne meine Wange runtergeflossen. Ich glaubte, diese Spur würde mir zeigen, wann du aus Amerika zurückkommst: Dann würde sie verschwinden. Aber schon nach drei bis vier Monaten sah man sie nur noch manchmal, und nach einem halben Jahr war sie fast nie mehr auf meinem Gesicht zu sehen. Ich lebte also mein Leben weiter, wieder ohne dich, und eigentlich war ich auch ganz zufrieden so.

Doch was würde passieren, wenn du wiederkommst?

Ich dachte immer, wenn du wieder da bist, wird alles einfach so wie früher. Aber es ist nicht so wie früher. Es fehlt etwas. Meine Liebe? Das könnte es sein. Obwohl, ich glaube, dass sie nicht fehlt – ich weiß nur nicht, ob sie noch für dich reicht. Ich weiß, dass deine Liebe für mich noch reicht, ich weiß, dass du heute vorbeikommst, um mir das zu sagen.

Ich gehe wieder zurück in mein Zimmer und blättere in irgendeiner Zeitschrift, doch eigentlich lese ich nicht wirklich darin. Ich versuche, dich mir vorzustellen. Aber das ist schwer, du warst so lange nicht da und hast mir nicht mal ein Foto dagelassen. Trotzdem versuche ich es jetzt. An dein Aussehen kann ich mich erinnern, nur dein Gesicht ist verschwommen. Das macht mir irgendwie Angst. An deine Haare kann ich mich genau erinnern: Sie sind immer schön verwuschelt. Als ob du gerade aus dem Bett kommst, in Boxershorts, verschlafen vor dem Bett stehst, in dem ich noch liege. So mochte ich dich am liebsten.

Am besten kann ich mich aber an deinen Geruch erinnern. Er kam nicht von irgendeinem Parfum, du hast einfach immer wunderbar gerochen.

Das habe ich am meisten vermisst – ist das nicht komisch? Hätte ich nicht vielleicht eher dein Lachen oder deine Wärme vermissen sollen? Vielleicht hab ich das auch, am Anfang.

Jetzt ist es erst 16.00 Uhr. Eigentlich wollte ich heute mit Eva und Mini ins Kino gehen, das hatten wir schon lange vor, aber ich hab's für dich abgesagt. Ich müsste doch nervös sein, bin ich aber nicht, oder kaum. Ich lege die Zeitschrift weg, und auf einmal fällt mir ein, was fehlt.

Plötzlich klingelt es. Jetzt werde ich doch noch ein bisschen nervös. Ich stehe langsam auf, du sollst nicht denken, ich hätte auf dich gewartet. Noch ein letzter Blick in den Spiegel, und ich gehe langsam die Treppe runter. Durch das Glas an der Haustür kann ich verschwommen deine Silhouette erkennen. Ich überprüfe, ob ich etwas spüre, doch bis jetzt merke ich noch nichts. Ich greife nach der kalten Klinke und öffne die Tür.

Ich schaue dir nicht ins Gesicht, sondern auf die Schuhe. Es sind dieselben wie vor einem Jahr, du liebst sie heiß und innig.

Langsam lasse ich meinen Blick nach oben wandern. Du hast eine neue Hose an, aus der wie immer deine Boxershorts raus- lugt. Dein T-Shirt kenne ich noch, es ist total ausgewaschen, aber genau deswegen magst du es so sehr. Jetzt muss ich es tun, ich muss dir ins Gesicht schauen, um endlich zu erfah- ren, ob sich das Warten gelohnt hat. Ob ES vielleicht doch noch wiederkommt. Ich schaue auf, und die Sonne scheint auf dein Gesicht. Du bringst dein «Hi» raus, das heute nicht so cool klingt wie früher. Und plötzlich ist es wieder da, ich spüre es ganz deutlich in mir drin, es ist da: mein Herz, und es schlägt wie verrückt.

CHAT: SKY

HERZRASEN ist?

VERLIEBT SEIN - FUSSBALL - MEIN INTERNIST
Es ist so, wie wenn du nicht weißt, ob du
Hunger hast oder satt bist, ob du glücklich
oder unglücklich bist ...

Herzrasen ist rot bis schwarz.

Ich hatte es vor genau zehn Tagen, aber
ich kann nicht mehr dazu sagen, es war
unangenehm - zu intim, sorry ...

(Fortsetzung Seite 110)

LAURA PIANTONI

■ *Jasmin Fuhrmann* ■

FLiegeN

Ich kaufe mir Schlümpfe an der Bude und Lollis. Hinterher habe ich wieder einen ganz roten Mund von dem Farbstoff, und Mama wird meckern.

Aber sie weiß ja nicht, wie lecker die sind. Mama hat mich gefragt, was ich mir zum Geburtstag wünsche. *Flügel,* habe ich gesagt. Mama hat die Stirn gerunzelt. Das macht sie immer. Zwischen ihren Augenbrauen quetscht sich dann die Haut zusammen. Das sieht lustig aus. Ich hab ganz laut gelacht deswegen. Und dann hat sie mir über den Kopf gestreichelt. Das hat sich schön angefühlt. Fliegen fühlt sich bestimmt noch schöner an, und Wind. Am liebsten mag ich Wind und Schlümpfe. Lollis auch. Aber eben nicht so gerne wie Schlümpfe. Papa Schlumpf hat einen ganz roten Hut auf, nicht so wie die anderen Schlümpfe. Papa Schlumpf esse ich immer zuerst.

Wie jetzt. Ich geh zum Spielplatz und schaue in die anderen Fenster; Mama sagt, ich soll nicht immer so neugierig sein. Papa Schlumpf klebt zwischen meinen Zähnen, ich versuche, ihn mit dem Finger zu befreien. Lara und so sind da. Alle kommen sofort an und wollen meine Schlümpfe naschen. Ich gebe Max meinen zweiten Papa Schlumpf.

Max ist schon mal geflogen, nach Afrika, hat er erzählt. Mit einem richtigen Flugzeug. Er hat gesagt, dass die Wolken aus der Nähe wie gaaanz viel Zuckerwatte auf einmal aussehen. Den Weihnachtsmann hat er aber nicht gesehen. Der hat sich bestimmt vor Max versteckt, außerdem ist es ja Sommer, und die Sonne scheint viel zu heiß da oben im Himmel für den Weihnachtsmann in seinem Kostüm. Aber dafür hat er mir von Elefanten erzählt, wie groß sie sind und wie sie sich mit ihren Rüsseln gegenseitig nass gespritzt haben. Max kann am besten von uns klettern, er kommt immer bis zur Krone. Mir fällt sofort auf, dass Max vorne ein Zahn fehlt. Ich frage ihn, wieso das so ist. Max schenkt mir den Zahn. Er sagt, er hat ihn gerade verloren. Da klebt noch Blut dran. Ich wische es mit meinem T-Shirt ab. *Elefanten sind meine Lieblingstiere*, sage ich zu Max. Aber er ist schon wieder bei den anderen. Ich wickle den Zahn in die leere Schlumpftüte ein. Frau Kirschbaum kommt raus und schenkt uns weiße Schokolade. Das macht sie immer, sie hat ja keine Kinder und Enkelkinder. An irgendwen muss sie die Schokolade loswerden. *Danke, Frau Kirschbaum*, sagen wir.

Ich hab Zahnschmerzen. Vielleicht fällt mir bald ein Zahn aus. Ich gehe zu Max. Wir klettern auf den großen Baum. Max ist viel schneller als ich. Ich halte mich an den dünnen Ästen fest. Max schaut runter und lächelt mit seiner Zahnlücke. Er sitzt in der Krone. Ich war noch nie in der Baumkrone. An einigen Stellen klebt der Baum; dieses durchsichtige Zeug stinkt, und es geht nicht mehr von meinen Händen ab. Egal. Unten stehen all die anderen Kinder und schauen mir zu, wie ich den Baum hinaufklettere. Können die nicht selber klettern? Ist doch nichts dabei. Sie feuern mich an. Max sitzt oben und hält Ausschau.

Langsam klettere ich den Baum immer höher, und der Boden wird ganz klein und mir schummerig. Ich schau lieber nicht nach unten. Oben wartet Max. Papa Schlumpf hängt noch an meinem Gaumen. Ich schwitze. Gleich bin ich da. Max reicht mir die Hand. Jetzt hat der auch dieses Zeug an den Händen. Ich klemme mich zwischen die beiden dicksten Äste hier oben. Ist ein bisschen wacklig. Jetzt könnte ich Flügel ge-brauchen. *Wieso hab ich nicht schon heute Geburtstag?!* Max steht dicht neben mir. Er hat noch Blut an der Lippe hängen. Alles ist so nah. Unten stehen die anderen. Sie gaffen noch immer.

Hier oben sind die Blätter dicht und dunkelgrün; die ande-ren können uns nicht genau sehen. Max erzählt mir, dass er vorhat, hier ein Baumhaus zu bauen. Er braucht noch Ver-stärkung, und er fragt mich, ob ich ihm helfen kann. *Da brau-che ich jemanden, der schwindelfrei ist,* sagt er. Ich werde, glaube ich, rot. *Ja, gerne helfe ich dir, ich bin Expertin in Baumhaus-bauen.* Wir entschließen uns, noch heute anzufangen.

Hier oben weht mehr Wind als unten. Mein Haar wir ganz zersaust, und einige Strähnen fliegen mir ins Gesicht, in den Mund. Das kitzelt. Max erzählt, dass wir zusammen in den Wald gehen können und dort Holz sammeln. Ich bin einver-standen. Der Wind macht Geräusche, die Blätter rascheln wild. Max ist ein Held, mein Held.

Wir wollen wieder runterklettern. Ich natürlich zuerst, weil ich als Letzte hochgeklettert bin und nun direkt am Hauptstamm hänge. Ich drehe mich einmal vorsichtig, weil ich sonst nicht runterklettern kann. Es ist rutschig. Moos ist auf dem Ast. Ich versuch, mich zu halten. Rutsche ab, mache mir fast in die Hose. Ich halte mich an einem Ast fest. Max greift nach meiner Hand und ruft meinen Namen. Ich baumle in der Luft. Er versucht, mich hochzuziehen. Ich spanne meine Muskeln an. Beiße die Zähne zusammen. Max schaut mir tief in die Augen. Blau sind sie und groß. Mein Herz rast noch heftiger. *Max!* Meine Hand gleitet aus seiner. Auf einmal fühle ich mich leer und leicht wie eine Feder. Ich schließe die

MEIKE LATUSSEK ➤ ➤

Augen. Alles dreht sich. Ich sehe Max und mich auf einem roten Elefanten mit Flügeln auf den Wolken reiten. Neben uns stehen viele Bäume, an denen Papa Schlümpfe und Zähne wachsen. Ich halte mich an Max fest, und ich rieche an seinem T-Shirt. Er riecht süß, nach Schokolade. Mir ist warm. Max' blonde Haare sind wie Gold. So goldig wie die Flügel, mit denen der Elefant über die Wolken fliegt. Max erzählt mir von unserem Baumhaus. Ich küsse Max' Nacken. Wir fliegen nach Afrika.

■ *Maren van Severen* ■

Was passiert,
wenn es HEUTE
schnell geht?

Wir kommen. Schnell. Wir sollen ja auch schnell kommen. Und wie schnell wir kommen. Raus aus der kleinen Vorstadt, rein in die Großstadt. Mein Kopf rast, mein Herz drückt gegen den Brustkorb. Ich frage meine Schwester: «Du, was glaubst du, was passiert, wenn es heute schnell geht?»

«Ich hab doch auch keine Ahnung!» Meine Schwester tritt auf das Gaspedal. Es kann heute schnell gehen.

Im Eingang brennen weiße, dicke Kerzen. Es ist ganz ruhig. Leise gehen wir die Treppen hoch, dritter Stock, Zimmer 53. Wir öffnen die Zimmertür und betreten den warmen, lichtdurchfluteten Raum. Das ganze Zimmer ist hell, es strahlt in einem warmen Gelb. Die weiße Gardine an der Balkontür dreht sich sanft im Wind und lässt den Duft nach beginnendem Sommer hereinwehen.

«Schön, dass ihr da seid.» Meine Mama erhebt sich von dem Stuhl, der neben dem Bett steht.

Meine Schwester und ich stellen uns ans Fußende.

«Papa, hallo. Wir sind jetzt da.»

Ich gehe zu ihm hin und nehme seine Hand. Seine Hand ist sehr kalt. Er atmet schwer.

Mama lässt eine Schüssel mit frischen Erdbeeren herumgehen. «Die ersten vom Bauern», sagt sie.

Meine Schwester, meine Mama und ich. Wir sitzen zusammen in der Sonne auf dem Balkon und essen Erdbeeren. In den Blumenkübeln am Geländer blüht die Kapuzinerkresse orange. Wir sind alle da. Alle. Papa auch. Er liegt im Bett und schläft.

Ich gehe wieder zu Papa ans Bett. Seine kalte Hand versucht, nach etwas zu greifen. Die Hand fällt zurück auf das weiße Bettlaken. Ich nehme sie und beginne, sie zu streicheln.

«Papa, die Sonne scheint. Es ist ein sehr schöner Tag heute.»

Meine Schwester kommt dazu. Zusammen sitzen wir da. Gedankenverloren. Mein Herz schlägt. Was passiert, wenn es heute schnell geht?

Mitten in die Stille hinein ein leises Summen. Hektisch greift meine Schwester nach ihrem Handy. Papa seufzt. Mama auch.

Meine Schwester ist weg, auf dem Weg zu ihrer neuen Wohnung. Sonst bekommt sie ein anderer. Aber sie will sich beeilen. Falls es heute schnell geht und es passiert.

Mittlerweile ist es Abend geworden. Eine kühle Brise weht über den Balkon vor dem Krankenzimmer.

Jetzt sind nur noch meine Mama und ich da. Und Papa. Mama und ich unterhalten uns leise, und Papa liegt im Bett und schläft.

Mein Herz verkrampft sich, denn plötzlich passiert es. Es geht ganz schnell.

Jetzt liegt Papa auf dem Bett, seine kalte Hand liegt ruhig auf dem weißen Laken. Papa atmet nicht mehr. Mama und ich stehen daneben.

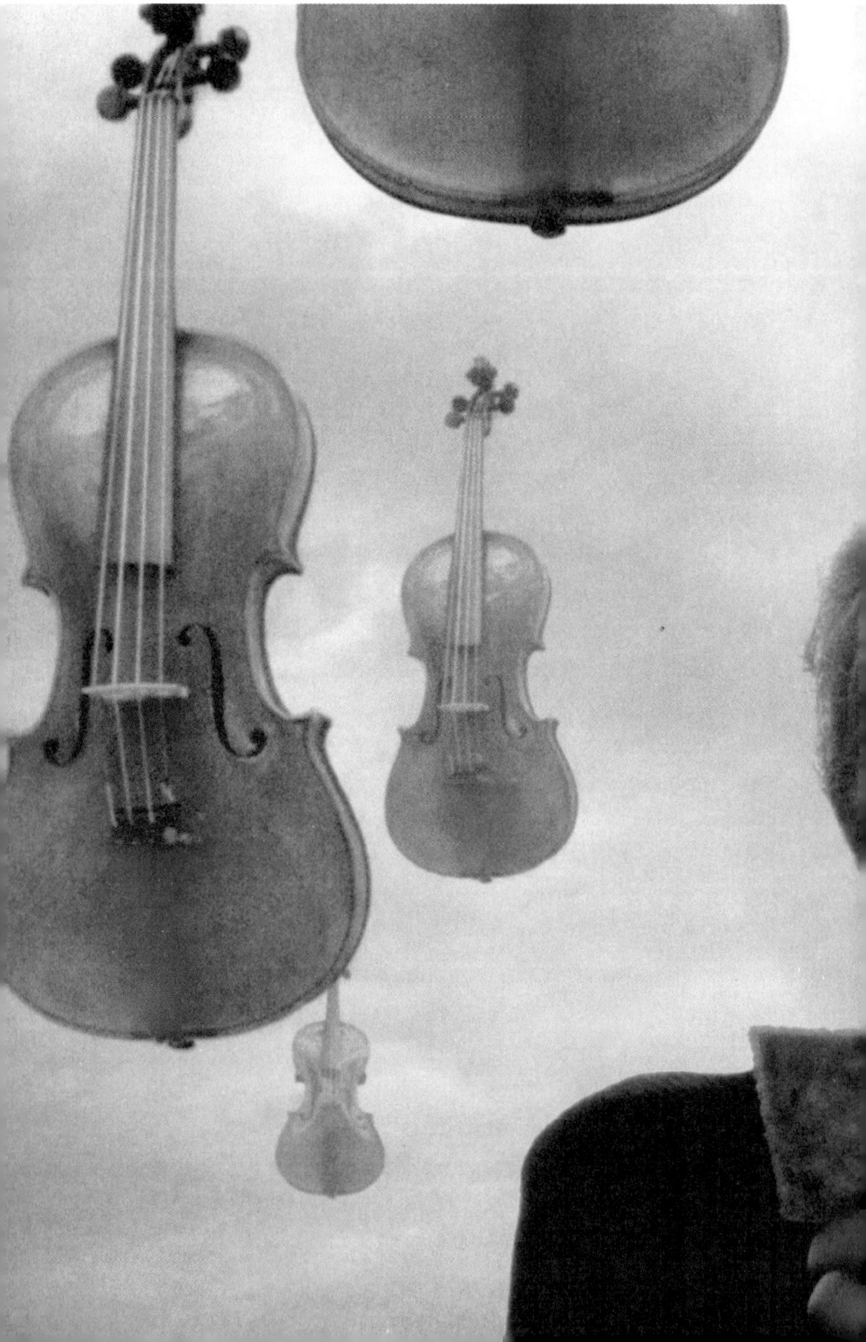

MARCEL WEISHEIT

■ *Katharina Wojczenko* ■

KleinigKEIT

– für Mary –

Ich kenne ihn nun eine Weile.

Als ich ihn zum ersten Mal sah, bemerkte ich, dass er gut aussieht, makellose Zähne hat. Was man so sieht eben.

Mittlerweile kenne ich ihn. Ich weiß, dass sein Gang federnd und geschmeidig ist. Ich weiß, wie er riecht, wann seine Augen leuchten, dass er lustig sein kann, unsinnig komisch, ernst, tragisch, theatralisch, überzogen. Dass sein Lachen die Wände wackeln lässt – oder kaum zu hören ist, wenn er in sich hineinlacht über Dinge, die niemand außer ihm versteht. Außer mir vielleicht. So ist das.

Manche Menschen sind um dich, du hast das Glück, dass äußere Umstände sie und dich zusammenführen. Die Schule zum Beispiel. Sie zwingt dich, mit ihnen Zeit zu verbringen.

Ich hatte genug Zeit, ihn kennen zu lernen, offiziell und inoffiziell, seine Fassade und ihn selbst.

Wir haben jeder unser eigenes Universum. Freundeskreis. Geschichten.

Ich habe ihn tanzen sehen, bin mit ihm auf Partys in Ecken gelandet, abseits, wo wir philosophierten und lachten und tranken, und ich glaube, ich bin an seiner Schulter schon eingeschlafen. Ja, das bin ich.

Und vielleicht hat er mich schon einmal weinen sehen. Ich weiß es nicht. Zumindest ist er einer der wenigen Menschen, bei denen mir das scheißegal wäre.

Er hat mich immer angezogen. Er hat mich immer berührt.

Ich habe ihn schlafen sehen. Irgendwo, irgendwann. Er lag gekrümmt wie ein Embryo, neben den anderen, ganz still, friedlich. Sein Atem ging ruhig, und ich wünschte mir, das Erste zu sein, was er sieht, wenn er aufwacht. Dass er mich sieht und lächelt.

Manchmal waren seine Augen anders. Dann dachte ich, dass er nur mich so ansieht. Zärtlich. Fragend.

Und dann war es weg.

Manchmal dachte ich, er täte es für mich. Einen Halbsatz mehr als nötig, ein Blick, ein Lächeln. Es war, als umarmte mich sein Blick, als könnte ich mich in sein Lächeln betten und dort für immer schlafen. Als würde er mich fangen, sollte ich fallen.

Irgendwann ertrug ich es nicht mehr. Wenn ich ihn sah, schrie es in mir, *ich liebe dich*, wenn ich von ihm redete, sagte es in mir, *ich liebe dich*, wenn ich dachte, dachte ich, *ich liebe dich*. Mein erster und mein letzter Gedanke und viel zu viele dazwischen waren

**du
du
ich liebe dich**

Er tat mir weh, einfach, indem er existierte. Ich fühlte Schmerz, wenn ich ihn sah, wenn er mit mir sprach. Ich weiß nicht, ob das Glück so wehtat, ob sein Wesen mich so ergriff, dass ich zusammenzuckte.

Monate habe ich nachgedacht, gebangt, gehofft, interpretiert: Was galt mir? Meinungen gesammelt: «Er mag dich.» – «Ihr wärt so ein tolles Paar.»

Ja, verdammt, ihr habt gut reden, ihr steckt nicht in diesem Körper, in dieser Person. In mir. Ich, die Mutige, die Selbstbewusste, habe Blütenblätter ausgerupft:

Sag ich es,
sag ich es nicht ...

Die Frage war nicht: Ist er es wert?

Das stand niemals zur Debatte.

Ich sagte es ihm.

Verdammt, ich verlor den Verstand. Und mein letztes Bisschen Selbstachtung. Ich musste es tun. Ich fragte:

Du?
Du, bist du
in mich verliebt?
Du, ich liebe dich.

Ich sah ihn an und wusste es. Er sagte, ich mag dich sehr, wirklich sehr, aber –

Er trinkt, er spielt um Geld, er knutscht herum, er geht weg und tut tausend Dinge, er isst, was er will, und ich habe darin nie einen Makel gesehen, nie eine Auffälligkeit, nie irgendetwas, und natürlich habe ich es gewusst, immer, es bedeutete nichts für mich, eine Kleinigkeit, mein Gott, manche tragen rote Schuhe, manche haben Sommersprossen.

Er ist schwarz und Moslem.

Ich bin Christin. Auf dem Papier. Ich trage keine Rosenkränze, mein Gott ist überall und nirgends, wenn es ihn gibt. Wir wollen doch nicht über Toleranz reden oder was auch immer, ich weiß nur, was er mir sagte, was ich eigentlich wusste, aber das glaubt doch niemand, er ist hier aufgewachsen, er ist erwachsen. Wir leben in einem freien Land. Wahrscheinlich kann er mich nicht ausstehen, ich hoffe es, denn sonst werde ich verrückt.

Moslem und Christin, das funktioniert nicht. Kein Sex vor der Ehe, keine Christin. Seine Familie, die will, dass er eine Muslimin heiratet. Seine Familie, die er liebt, das ist der springende Punkt, er liebt sie und möchte sie nicht verlieren. Ich liebe meine auch, und ich kann das verstehen, ich kann verdammt nochmal verstehen. Ja, vielleicht würde mich das dann auch aufregen, wenn er fünfmal am Tag seinen Gebetsteppich ausrollt, mich nicht anfasst während meiner Periode, weil ich dann unrein wäre, schmutzig, was auch immer. Ich kann es verstehen, ich kann verstehen –

O Gott.

Ich sammle Negativpunkte. Er macht intolerante Witze. Wenn er getrunken hat, muffelt er. So etwas. Die Liste wächst. In ein paar wichtigen Dingen sind wir unterschiedlicher Ansicht. Und so weiter.

Ich wünsche mich ans andere Ende der Welt.

Ich ertrage es nicht, ihn zu sehen.

Ich sitze hier und warte.

Warte, dass der Schmerz aufhört.

Ich weine und wimmere.

Ich will nie mehr aufwachen.

▪ *Julia Jäckel* ▪

PassWORT

Nein, das darfst du nicht. Es ist unmoralisch. Dreist. Unentschuldbar. Was tust du da? Wenn ER es herausfindet, dann – ja, was dann?

BOBONG, BOBONG, BOBONG!

Wieso hat er mir das auch angetan? Selbst schuld, Strafe muss sein! Vertrauen – pah, das hat er nicht verdient. Und überhaupt: Wer einmal lügt, dem ... Ich muss es tun.

BOBONG, BOBONG, BOBONG!

Was erwarte ich überhaupt? Beweise! Natürlich, Beweise. Aber es ist seine Privatsphäre, das geht mich nichts an. Und wenn er jetzt reinkommt? Es bemerkt? Irgendwie? Ich wäre schuld – eindeutig. Es ist ein ungeschriebenes Gesetz. Er wird mich verlassen. Angst.

BOBONG, BOBONG, BOBONG!

Warum hab ich diese E-Mail bekommen? Anonym: Er hätte mit ihr geschlafen. Hab ihm den Quatsch erzählt. Ihm geglaubt. Aber nun ... Wie lautet sein verdammtes Passwort?

BOBONG, BOBONG, BOBONG!

Und wenn's das nicht ist? Ich habe nur einen einzigen Versuch! Das Passwort muss stimmen! Seine Lieblingsband? Sein Lieblingsschauspieler? Oder gar mein Name?

Okay, ich riskier's – oder doch nicht? Wenn ich das falsche Passwort eingebe, habe ich verloren! Das wird registriert. Er wird wissen, dass ich es war. Wer sonst? Er wird mich verlassen.

BOBONG, BOBONG, BOBONG!

Überlege dir das gut. Du machst alles kaputt mit deinem Misstrauen. In privaten E-Mail-Accounts wühlen und nach Liebesschwüren suchen – du musst verrückt sein!

BOBONG, BOBONG. Nein, nicht verrückt, nur hungrig nach Wahrheit.

Wer behauptet, eine Beziehung sei ab dem Moment kaputt, ab dem man misstraut, der lügt. Kaputt ist sie dann, wenn sich die Filme in deinem Kopf bestätigen.

BOBONG BOBONG. Kann dieses Herzklopfen nicht endlich aufhören????

Ich tu's!

BOOOOOOOOONG!

Ich bin drin! Eingeloggt! Ich könnte den Account wieder zumachen ...

Aber jetzt kurz vor dem Ziel?

BOBONG, BOBONG. Gesendete Mails

Hallo,
ich weiß nicht, warum, aber seit einiger Zeit
träume ich von dir. Ich vermiss dich. Ich muss an
die schönen Zeiten denken, die wir zusammen
hatten. Ich sehe dein Gesicht vor mir und stelle
mir vor, wie wir uns küssen. Es war so schön
damals.
Ich weiß nicht, was aus dir geworden ist, wie
es dir geht und was du jetzt machst, vor allem,
ob du einen Freund hast. Ich weiß aber genau,
dass ich dich nicht aus meinem Kopf bekomme
und dass du die Einzige in meinem Leben bist,
die ich jemals wirklich geliebt habe!

BONG! BONG! BONG!

**Ruf mich an oder schreib mir zurück.
Ich liebe dich!**

ZZZSSSSSSSssssssssstTTTTT.

Jetzt rast es, es hört nicht auf! Ich muss es nochmal lesen.

**... dass du die Einzige in meinem Leben bist,
die ich jemals wirklich geliebt habe!**

BONG!

Die Tür geht auf.

Ich würde es immer wieder tun!

CHAT: ANGEL

HERZRASEN – beschreib es ...

**Ich würd sagen, dass das ein Gefühl ist, das man
nicht beschreiben kann - so schön und warm und
doch wieder leidend.
Wie wenn 100 Schmetterlinge im Bauch herum-
fliegen.**

HERZRASEN ist GRÜN WIE DAS BLÜHEN DES FRÜHLINGS.

**Als würde man dazu eine romantische Melodie,
ein Liebeslied hören.**

**Es ist Glück, Geborgenheit, das schönste Gefühl,
das es gibt ...**

(Fortsetzung Seite 119)

- *Sylvia Vieli* -

davor_
WÄHRENDDESSEN_
DANACH

Plötzlich wird sie langsamer. Die Straße ist viel zu früh zu Ende. Aber die vor ihr liegende Kreuzung würde sie wiedererkennen, auch in hundert Jahren. War die Tasche schon immer so schwer? Heute Morgen konnte sie damit sogar rennen, als der Bus unerwartet früh kam. Mit keuchendem Atem erreichte sie die Tür, bevor sich diese schloss. Doch was ihr sonst unsagbar peinlich ist, störte sie heute Morgen nicht. Selbstbewusst begegnete sie dem Blick der anderen Fahrgäste.

Jetzt wünscht sie sich, den Bus verpasst zu haben. Das hätte ihr Gelegenheit gegeben, noch einmal über ihr Vorhaben nachzudenken. Letztes Jahr ... Aber heute ist heute, und heute ist alles ganz anders. Unbequeme Gedanken hat sie weit von sich geschoben, seit die Terminbestätigung kam. Da wird sie es wohl schaffen, sie noch ein paar Stunden länger zu ignorieren.

Vor ihr biegt eine Gestalt auf das Fabrikgelände ein. Sandrine mustert die Figur und die Haltung, die Bewegungen. Sind sie besser als ihre eigenen? Selbstbewusster? Sieht die andere nicht aus, als würde sie schon Jahre hierher gehören?

Dann ist sie weg, aber nur, um kurz darauf hinter Sandrine am Fuß der Treppe zu stehen. Sie blickt befremdet nach oben.

«Die Treppe hoch? Das kann doch unmöglich sein.»

Sandrine nickt, hört die Schritte der anderen. Vor einem Jahr konnte sie es auch nicht glauben. Jetzt erhöhen die fünf Stockwerke nur wegen fehlender Kondition ihren Puls.

Nach Luft ringend, hält sie der anderen die Tür auf. Die braucht eine Ewigkeit, hinaufzukommen. So lange, dass Sandrine ihre Höflichkeit bereits peinlich ist. Überhaupt, weist sie sich zurecht, ist Höflichkeit hier nicht gefragt. Das ist nicht die Bürowelt, in die sie gerutscht ist, ohne recht zu verstehen, warum. Aber auch im Umkleideraum rutscht ihr ein freundliches «Guten Morgen» heraus, bevor sie sich versieht. Ein Reflex, antrainiert über die letzten zehn Monate.

Reiß dich zusammen, denkt sie. Die ihr zugewandten Gesichter scheinen dasselbe zu denken. Still geht Sandrine in eine Ecke, schlüpft in ihre Turnhose. Ihre zu laute Begrüßung ist bereits vergessen.

Auf dem Gang sind Stimmen zu hören. Sandrine erhebt sich aus der Hocke. Rennt zur Tür, ohne auf die Blicke der anderen zu achten.

«Lisa?!»

Das Mädchen vor ihr, das eben zur Toilette wollte, wendet den Kopf. «Sandrine?»

Ohne weitere Erklärung nimmt Sandrine sie in die Arme. In der Schule hat sie sich möglichst nicht mit Lisa blicken lassen. Sie weiß nicht mehr, warum. Es ist ein so gutes Gefühl, sie zu umarmen.

Viel Zeit bleibt nicht, um die Erfahrungen der letzten Monate auszutauschen. In der «kleinen Halle» beginnt das Aufwärmen. Es sind mindestens vierzig Personen, die meisten einen Kopf kleiner als Sandrine. Sie spürt, wie ihr Herz ein paar seltsame Schläge tut. Warum sehen nur immer alle anderen richtiger aus als sie?

Ein Mann mit silberner Lockenpracht ruft zu wechselnder Musik Begriffe in den Raum, welche es darzustellen gilt. Seine Stimme ist tief, sitzt gut. Wahrscheinlich würde Sandrine ihn attraktiv finden, im Büro. Aber sie kennt ihn. Und sie kennt diese Aufwärmübung. Die Ereignisse des letzten Jahres, des letzten Versuches, sind präsenter denn je. Auch wenn Sandrine gedacht hat, alles wäre längst vergessen. Das macht es schwer, sich darauf zu konzentrieren, ein Seepferdchen zu sein. Der Affe geht dann etwas leichter. Ein Dreieck? Wie bitte ist man ein Dreieck? Sie wird nervös, schielt nach rechts und links. Um sie herum staksen die anderen breitbeinig und so spitzwinklig wie möglich herum, mit bösen Gesichtern. Schweißperlen rinnen zwischen Sandrines Schulterblättern in den Bund ihrer Trainingshose. Wütend wirft sie einen Blick zu Löwenmähne. Er ist so sadistisch geblieben, wie sie ihn in Erinnerung hat. Fast glaubt sie, ihn bösartig lächeln zu sehen. Noch immer verzweifelt um das Dreieck bemüht, ist sie sich auf einmal sicher, dass er sie wiedererkannt hat und sich seinen Teil denkt. Was nichts Gutes ist.

Endlich werden sie erlöst. Um sie herum lauter zufriedene, selbstsichere Gesichter. Also folgt Sandrine diesem Beispiel, Löwenmähne aus den Augenwinkeln beobachtend. Der sieht nicht zu ihr herüber.

Schweigend gehen alle zurück zu den Umkleideräumen, um sich umzuziehen für den lang ersehnten, so entscheidenden Moment, den jeder vor seinem geistigen Auge bestimmt hundertmal erlebt hat. Löwenmähnes Kollege lächelt. Lächelt Sandrine aufmunternd zu. Sie fragt sich, wie lange das wohl noch anhalten wird. Oder wann aus dem Lächeln Auslachen wird, leise zwar, aber doch laut genug für Sandrines Ohren. Gerade jetzt kann sie es so deutlich hören, dass sie verwirrt nach Löwenmähne Ausschau hält. Aber der ist nirgends zu sehen.

Bis er plötzlich doch auftaucht, energisch zur Versammlung im «großen Saal» auffordert. Sandrine zuckt zusammen und beschleunigt ihre Schritte, was gar nicht so einfach ist mit den hohen, klappernden Schuhen und dem engen Rock. Sie senkt den Kopf, während sie neben ihm durch die Tür huscht. Darum kann sie nicht sehen, ob er sie wirklich betrachtet. Aber die eiskalten Stromstöße über ihr Rückgrat stammen bestimmt von seinem verachtenden Blick. Ein Blick, der sagt: «Mädchen, geh nach Hause. Du gehörst nicht hierher.»

Die Sitzreihen sind voll. Sandrine steigt nach oben, froh, als sie das harte Holz unter ihrem Po spürt. Der freundliche Kollege von Löwenmähne liest die Reihenfolge der Spielenden vor. Sandrine muss lange auf ihren Namen warten. Wann genau sie an der Reihe ist, vergisst sie aber sofort wieder. Sie weiß nur, dass es dauern wird. Trotzdem ist die Holzente in ihren Händen schweißnass.

Im Licht des einzigen Scheinwerfers wird mittlerweile gestorben, ausgerastet, Geheimnisse werden leise mitgeteilt, Wut wird laut kundgetan. Nach drei Darbietungen, von denen die mittlere Sandrine sprachlos vor Bewunderung macht, gleitet ihre Aufmerksamkeit zu den schweigenden vier Personen auf der anderen Seite der Tribüne. Keiner lacht. Auf jeden Fall nicht an unpassenden Stellen. Noch nicht?

Eine kurze Pause mitten in der Anspannung. Sandrine wird in den Aufenthaltsraum geschoben, landet in der Mitte der langen Sitzbank. Sie zündet sich eine Zigarette an, froh, sich das Rauchen endlich angewöhnt zu haben. Dass ihre Finger beim ersten Streichholz zitterten, hat niemand gesehen. Es war der Wind, der die Flamme löschte, bevor sie die Spitze der Zigarette erreicht hatte.

In die Gruppe kommt Bewegung, es geht weiter. Es ist furchtbar kalt im Saal, die Fenster müssen offen gestanden haben. Sie drückt die Arme eng an den Körper, als sie zu ihrem Platz geht.

Ein rothaariger, unscheinbarer Typ ist der Erste der zweiten Runde. Im Hintergrund beginnt eine Säge zu kreischen. Sandrine wird schlecht. Hoffentlich muss sie nicht auftreten, bevor das ätzende Geräusch verstummt ist. Der Rothaarige scheint das nicht zu merken, er lehnt sich stattdessen an einen imaginären Baum und sinniert über den Nutzen seiner

Existenz. Auch Sandrine versucht, die Säge zu vergessen, die sich in ihren Kopf hineinfrisst, immer näher an die Tür kommt, hinter der all die ungewollten Gedanken warten. Sie krümmt die Füße in den hohen Schuhen, hofft, der Rote komme endlich zum Schluss. Gleichzeitig hofft sie, er möge ewig weitermachen. Damit nicht sie anfangen muss.

Doch jetzt wird der sich noch immer im Wald Befindende unterbrochen, die Jury im Halbdunkeln hat genug gesehen. Ihr Name fällt. Dann ist es still.

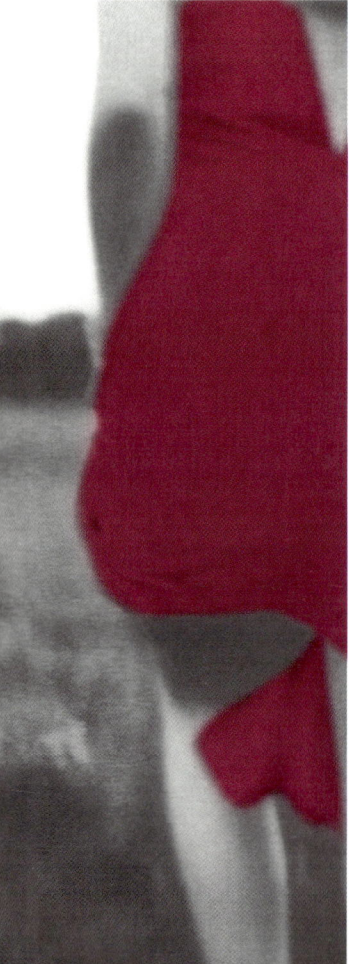

Sie steht auf. Ihre Schuhe klappern laut. Die Säge hat aufgehört. Wie weit doch der Lichtkegel entfernt ist, geht ihr durch den Kopf. Sie kriegt kaum Luft. Versucht, sich auf irgendetwas zu konzentrieren. Ein Gefühl, abgesehen von der Panik. Lachen sie schon? Versteinert steht sie im Licht, rückt den Stuhl zurecht.

«Ich spiele die Sabine aus *Push up 1–3* von Roland Schimmelpfennig.»

Keine Reaktion von der Jury. Jeder sieht ihr zu. Das Zittern der Hände ist auf den ganzen Körper übergegangen. Beinahe knickt sie um in den hohen Schuhen, als sie aus dem Licht tritt und hinein in die Rolle.

Es geht nicht mehr darum, etwas zu denken. Da ist nur noch dieses Zittern, das jetzt passt und tief aus dem Bauch heraus kommt. Gleichzeitig mit den ersten Sätzen; sie stürzen aus ihr heraus. Lachen von den Zuschauerrän-

gen. Sie merkt es nicht. Die nächsten Sätze kommen langsamer. Das Zittern lässt sich nur mühsam unter Kontrolle
bringen. Es beherrscht sie, während sie versucht, es zu beherrschen. Den Text speit sie den Zuschauern vor die Füße,
obwohl sie längst improvisiert, weil sie den genauen Wortlaut
vergessen hat. Die Worte kommen einfach, sie hat nicht einmal Zeit, sich darüber zu wundern.

Dann kommt nichts mehr. Verwirrt blinzelt sie in das Licht.
Die anderen klatschen. Als sie aufsteht, stechen heiße Nadeln
in ihren Rücken. Sie will nur noch weg. Doch hinter ihr kommen noch mindestens zehn Personen, die man sie zwingt anzusehen. Zusammengekauert auf ihrem Platz versucht sie,
wieder in die Realität zu finden.

«Gut, danke schön. In zwanzig Minuten versammeln wir
uns wieder. Danke schön.»

Das war es. Einfach vorbei. Tränen treten ihr in die Augen,
die sie energisch runterschluckt. Diese Zeit, deren Dauer sie
nicht abschätzen kann, genügte, um eine Entscheidung zu
fällen über ihre weitere Zukunft.

Jemand hat die Fenster geöffnet im Aufenthaltsraum. Das
macht die Luft aber nicht wirklich besser. Nervosität qualmt
aus unzähligen Zigaretten. Das Warten ist das Schlimmste.
Weil man so leer ist. Und in dieser Leere streiten Hoffnung und
Zweifel, ohne dass ein Ende abzusehen wäre.

In zehn Minuten wird sie es wissen. Zehn Minuten noch, dann öffnet sich die Tür, Löwenmähne wird sie hineinrufen, wo die Stühle schon im Halbkreis stehen, wie im Kindergarten. Nur dass es nicht wie im Kindergarten sein wird. Erst weiden sich die vier hinter dem Tisch, der sie von den Emotionen schützen soll, noch einmal an den Blicken der Bewerber. Sie warten, bis jeder seine ganz persönliche Hölle durchlebt hat. Dann zerschlagen sie die Stille mit ihrem Urteil. Man kann dagegen keine Berufung einlegen. Das Einzige, was bleibt, ist, nicht das Gesicht zu verlieren und vor diesen unbeteiligten Blicken zu weinen. Das hat sie letztes Jahr geschafft und wird es auch diesmal schaffen.

Aber nein, das wird nicht nötig sein. Vielmehr wird sie heute ihre Freude unterdrücken müssen, weil sie eine Runde weitergekommen ist. Noch nie hat sie sich so stark gefühlt. Sie kann Löwenmähne ihren Namen vorlesen hören unter denjenigen, welche weiterkommen. Mehr will sie ja gar nicht. Nur um den Zweiflern etwas präsentieren zu können. Sie rupft im Geiste Blätter von einem Gänseblümchen. Neben ihr starrt ein Mädchen verloren auf die Uhr. Sandrine nimmt ihre Hand ganz kurz in ihre und drückt sie. Genauso wird sie die Hand von Löwenmähne drücken, wenn er ihr gratuliert. Sie lächelt ihm zu, er lächelt anerkennend zurück. Aber sie kann die Hand nicht mehr lösen aus seinem Griff, der immer stärker wird, in dem Maße stärker, in dem sein Lächeln sich in blanken Hohn verwandelt.

Abrupt steht sie auf. Man macht ihr Platz, als sie den Raum verlässt. Keiner will wissen, wohin sie geht, obwohl sie schnell geht. Viel Zeit bleibt ihr nicht, gleich wird die Tür aufgehen. Sie zieht Kleid und Schuhe aus, schlüpft wieder in die Jeans. Im Flur entsteht Bewegung. Sie kann sehen, dass die Tür offen steht und sich die Stühle im Halbkreis langsam füllen.

Einen kurzen Moment zögert sie. Ein Stuhl ist noch leer. Die Prüfer werden sich wundern, wie das passieren konnte, wo man doch alles genau abgezählt hat. Aber das stellt Sandrine sich nur vor, während sie leise die Tür hinter sich schließt und ins Freie tritt. Am Fuß der Treppe bleibt sie kurz stehen und wundert sich. Ihr Herz schlägt ganz ruhig.

CHAT: SOUL

Herzrasen ist verliebt sein.

**Es ist schwer, es zu beschreiben,
man hat ein komisches Gefühl im Bauch,
und es kribbelt überall ...**

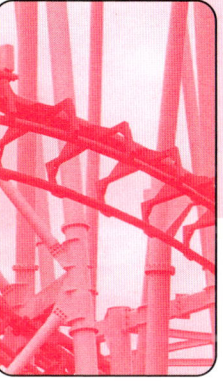

(Fortsetzung Seite 137)

NORA LANDWEHR ▶▶▶

■ *Kai Fischer* ■

Erinnerungs-

ANGEBOTE

Es ist sonst nicht meine Art, hasengleich im nächsten Versteck unterzutauchen und meinem Herzschlag zuzuhören. Hey, aber völlig unvermutet kam knapp zwanzig Meter vor mir meine Ex aus 'm Café, mit 'ner Freundin an der Hand und 'nem Lächeln im Gesicht. Fast hätte sie mich entdeckt, aber instinktiv hab ich mich versteckt, verpisst, verkrochen. Tja, und mein Versteck war nun dieser quietschbunte Supermarkt, klinisch rein, mit debiler Musik und debiler Bedienung. Aber wo wir schon mal da sind, decken wir uns halt mit den Utensilien des täglichen Bedarfs ein.

Erster Stopp: Gemüse. Kartoffeln, Karotten, Kohlköpfe. Gurken 1 Euro 90, Wucher, ihr Ausbeuter, Kapitalistenpack. 'ne Gurke, bisschen Wasser mit Schale. Tomaten. Kilo 2,99. Inflation, oder was? Mein Mädchen, Ex-Mädchen muss ich sagen, konnte Tomaten nicht leiden. Hat sie aus dem Salat oder Sandwich immer mühsam rausgepopelt und mir auf den Teller gelegt. Jedes Grämmchen – aber dick Ketchup auf'm Käsebrot. Das soll mal einer verstehen.

Butter und Joghurt rechter Hand werden ignoriert. Die Strecke nutz ich, um Queen Elizabeth zu überholen. Oder ihr Double in Pastell und mit derselben Vorliebe für verrückte Hutmacher. Saskia näht wenigstens selbst.

Am Aufschnittregal muss ich mir kurz das traurige Sülzkotelette anschauen, zur Eckelüberwindung. Ey, und Fleischsalat, Widerspruch an sich so etwas. Ich schwing mein

Wägelchen rum und ramme ins Brotregal. Baguette, Biskuit und Buttertoast prasseln zu Boden. Dezent eilig biege ich um die Ecke und überlass das Chaos dem Mitarbeiter des Monats. An der Flaschenannahme steht ein Junge mit Aknenarben und zu großem Kittel, ein Beschäftigter der Klientel «Zum Mitreisen gesucht», ein Schulabbrecher von der traurigen Gestalt. Er grüßt.

«Hi, wie g-geht's?»

«Hi. Na, fleißig am Arbeiten? Flaschen sortieren und so?»

«Ja, Mann, Spitzenj-job das, acht Euro d'Stunde.»

«Cool. Ehrlich. Freut mich für dich, dass du 'nen Job gefunden hast!»

«Ja.»

Er wirkt wirklich zufrieden. Ich schieb meinen Wagen weiter. Dann:

«Wie g-geht's Saskia? Seid ihr no-och zusamm? Hab lang nix mehr von ihr g-gehört.»

Pizza. Ich brauch Pizza. Peperoni oder Thunfisch. Ganz dringend an Pizza denken.

«Ich auch nicht. Hab sie ewig nicht gesehen. Fleißig weiterarbeiten, Tom. Dann kannste dir in 'n paar Jahren 'nen Kurzurlaub ins Hansaland g-gönnen.»

«Du mich auch, A-Arschloch!»

Recht hat er.

Fischstäbchen, Fertiggerichte, Pizza, durchatmen. Seit Saskia weg ist, gibt es oft Pizza. Funghi, Vierjahreszeiten, Saskarita. Saskarita ist Spinat. Mit Ketchup. Widerlich, oder?

Jetzt nicht in den Getränkegang, sonst endet der Abend traurig, Pizza, zwei Sixpacks und lanotte auf 9live. Muss ja nicht sein.

Also zu den Drogerieartikeln. Toilettenpapier, zweilagige Kackpappe statt Hakle feucht. Und dann brechen wieder

Erinnerungen durch meinen mühsam zusammengelogenen Schutzwall.

Sie war mal krank, Saskia, mein ich, ich sollte einkaufen. Ketchup, Prosecco, keine Tomaten, noch irgendwas anderes und Tampons. Ob ich das hinkriegen würde? Na logo, kein Problem, und dann stand ich vor mehreren Regalmetern Frauenhygiene und hatte null Ahnung. Mini, Midi, Maxi, Normal, Tag und Nacht, mit Lavendelduft oder Vitamin-C-Zusatz. Ich hab dann Binden gekauft. Mit rotem Kopf, versteht sich. Zu Hause hat sie mich ausgelacht. Und ich mich auch. Den ganzen Abend lang.

Puuuuuuh, Sheba, Whiskas, Pedigree. Eine dickbepelzte Oma kauft Frolic, hat bestimmt so 'nen Miniköter und stopft ihm abends Pralinen in den Rachen, damit er am nächsten Tag Dünnschiss hat und in einer Tour die Gehwege voll scheißt. Meine Gehässigkeiten lenken mich leider nicht wirklich vom Thema ab.

Alles fing mit 'nem ereignisreichen Tag an, damals. 'ne rare Ausgabe von Spiderman im Secondhand gefunden, so 'nem hässlichen Busvordrängler kackte 'ne Taube genau aufs Jackett, und ich schlief das erste Mal mit Sasa. Oder besser, sie mit mir.

Sasa schleppte mich in ihre Bude, drittes Stockwerk. Ich immer hinterher und vor mir ihr Arsch, der mir von einer zur anderen Seite zuzwinkerte. Drinnen setzte sie Teewasser auf, und wir setzen uns dann aufs Bett. Fingen sofort an, uns zu küssen. Dann drückte Sasa mich nieder, hockte sich auf mich und schob ihren Beckenboden vor, zurück, fast schmerzhaft langsam. Wohlgefallen richtete sich in meiner Hose auf, das merkte ich, das merkte sie. Ich schluckte, wollte meine Hände ...

KLACK –

Und Sasa sagte ruhig : «Das Teewasser ist fertig.»

Sie stieg von mir runter, ging in die Küche. Ich hatte 'nen Staubmaul und 'nen Ständer von hier bis Altona. Zurück im Zimmer stellte sie die tönerne Kanne auf das Stövchen, nahm ein altes Aleteglas mit Kandis vom Regal und begann mit ihrer Teezeremonie. Welche Zeremonie ich vorgezogen hätte, ist ja wohl klar, aber da stand nun mal dieses gehässige Kännchen Tee, Indische Nacht, zwischen uns und dampfte. Und trotz meiner Abneigung gegen Heißgetränke trank ich in großen Schlucken. Was denn Indische Nacht wäre, hab ich gefragt, und is da jetzt Curry drin, oder was? Sie lachte, wie sie es so oft tat, und ich freute mich, dass ich der Grund dafür war. Und dann machte sie da weiter, wo sie kurz zuvor aufgehört hatte.

Die Hundeoma stieß mir ihren Wagen in die Hacken und mich aus meinen Träumen und blökte mich an, ich solle doch meine Sachen auf das Kassenband legen, andere wollten ja schließlich auch nochmal ... Sie solle auf ihren Pekinesen aufpassen, gab ich höflich zurück, in letzter Zeit seien viele Fälle bekannt geworden von Tierquälern, die zerbrochene Rasierklingen im Tierfutter versteckt hätten. Dann schaute ich auf meinen Einkauf. Versuchte zu lächeln, aber meine Augen zogen nicht mit. Toast, Tiefkühlpizza und Toilettenpapier sind ja okay, aber Tee, Tampons und Tomatenketchup? Keine Ahnung, wie das Zeug zusammenkam. Echt nicht.

■ *Silke Hegemann* ■

Möglichkeiten,
eine **BEZIEHUNG**
zu beenden.
VARIATIONEN.

VARIATION 1: Er verlässt mich
a) nach längerer Beziehung

I wonder what you're doing now
I wonder if you think of me at all
I hope you're feeling happy now

SKUNK ANANSIE «HEDONISM»

Noch vier Tage bis zu meinen Abschlussprüfungen. Ich kann nichts mehr essen außer extracrunchigen Peperoni-Chips und Schokoladenpudding für Babys, nicht mehr schlafen, muss ständig auf die Toilette. Ich rauche mindestens eine Schachtel Zigaretten am Tag, meine Wohnung hat sich in ein Gebirge aus dreckiger Wäsche und benutztem Geschirr mit grünlich schillerndem Irgendwas drauf verwandelt. Fluchend, weil sich in meinem Kopf keinerlei Wissen über die soziologische Bedeutung Charles Darwins in Hinsicht auf den deutschen Profifußball befindet, drehe ich viele Runden durch mein Gebirge, erklimme den einen oder anderen Gipfel und wische meine fettigen Chipsfinger an meinem neuen

Pulli ab. Ein leichter Geruch von ungewaschenen Socken liegt über diesem Idyll – noch ein Sonnenuntergang, der alles in tiefes Rot taucht, dann ist die Soap-Kulisse perfekt.

Da klingelt das Telefon, und er ist dran, sofort schlägt mein Herz schneller. «Ach nein, wie lieb,» freue ich mich im Stillen. «Er denkt an mich und will wissen, wie's läuft! Er kümmert sich um mich.» Ich bin entzückt, weil das Liebe sein muss.

«Was machst du denn gerade?», will er wissen. Er isst, das kann ich hören.

«Ich lerne. Ich hab doch bald Prüfungen.»

«Ach so, stimmt. Weißt du was, in einer Stunde komm ich vorbei, ja?»

Ich sage nichts, er hat schon aufgelegt. Bestimmt hat er eine Vergiss-den-Prüfungsscheiß-Ablenkungs-Überraschung für mich organisiert! Was bin ich gespannt – mein Herzklopfen wird noch etwas heftiger ...

Als es anderthalb Stunden später klingelt, bin ich immer noch aufgeregt. Natürlich habe ich seit dem Anruf nichts mehr gelernt, sondern gemeinsam mit den Fruchtfliegen, die im Lauf der letzten Woche bei mir eingezogen sind, überlegt, was wohl meine Überraschung sein könnte. Er steht vor der Tür, in der einen Hand balanciert er einen Kulturbeutel und eine Zigarette. Meinen Kulturbeutel. Eine Zahnbürste – meine – fällt heraus, hilflos rollt sie über den dreckigen Boden in eine Pfütze auf dem Teppich, von der ich beim besten Willen nicht sagen kann, woher sie stammt. Jedenfalls ist sie ziemlich groß, und es schwimmt Zeugs drin. «Hoppla!», sagt er, während er mir seine Last in die Hand drückt. «Nimm mal. Gehört sowieso alles dir.» In der anderen Hand hat er eine Tüte. «Klamotten und Bücher von dir, lagen noch bei mir rum. Wenn ich noch was finde, schick ich's dir, ja?»

«Was?», sage ich und wünsche mir, die Zahnbürste, die unbeteiligt in ihrer Pfütze liegt, würde mir erklären, was hier los ist, da er das offensichtlich nicht vorhat.

Er sieht mich verlegen lächelnd an, drückt mich kurz an sich. «Hattest du in letzter Zeit nicht das Gefühl, dass es nicht mehr stimmt – so zwischen uns, mein ich?», fragt er mitleidig. Nein, hatte ich nicht. Hätte ich aber wohl haben sollen, statt zu lernen, oder?

«Also, ich hab mir überlegt, es ist besser, wir trennen uns. Und weil du gerade so im Stress bist, hab ich dir deine Sachen gleich mitgebracht.» Er nickt sich selbst anerkennend zu. «Okay, ich muss weiter! Kannst mir meine Sachen ja auch mit der Post schicken, hat keine Eile!» Er wendet sich ab, die personifizierte Erleichterung. «Mach's gut! Tut mir echt Leid, dass es nicht funktioniert hat», ruft er mir noch von der Treppe aus zu.

Ich stehe fassungslos an der Tür und starre ihm nach. Rette die Zahnbürste aus ihrem feuchten Grab und sehe sie an. «Ist es nicht toll, wie schön er mich von meinem Lernstress ablenkt?», frage ich sie, stolz, mal einen so rücksichtsvollen, feinfühligen Freund gehabt zu haben. Ich meine, er hätte ja noch fünf Tage mit dem Schlussmachen warten können, zumindest bis zu den Prüfungen. Aber so einer ist er nicht – er denkt mit, versucht mir zu helfen, wo es nur geht.

Die Zahnbürste bleibt stumm, ist ihr wohl alles egal. Ich werfe das blöde Ding zurück in seine Pfütze zu dem schwimmenden Zeugs und verstecke mich unter der Bettdecke, weil ich nicht will, dass sie mich heulen sieht.

VARIATION 2: Er verlässt mich
b) es war nur ein Intermezzo

*Und dann am nächsten Morgen
weiß er nicht einmal mehr
wie du heißt.*

DIE ÄRZTE
«MÄNNER SIND SCHWEINE»

«Bis die Tage», sagt er und macht einfach so die Tür hinter sich zu.

Ich fange sofort an zu weinen. «Aber ich habe doch Schinkenbrote gemacht!», rufe ich verzweifelt.

Aber da ist nur die geschlossene Tür, und die sieht völlig unbeteiligt aus.

Ihm ist das anscheinend egal, gekochter Hinterschinken auf frischem Bauernbrot mit Tomaten kann ihn nicht dazu bewegen, eine Beziehung mit mir anzufangen. Sex, ja bitte, danach auch gern ein oder zwei Joghurt zur Eiweißsubstitution, aber eine feste Bindung? Das kann er sich momentan einfach nicht vorstellen, obwohl es nichts mit mir zu tun hat – ich bin eine ganz, ganz tolle Frau, im Ernst. Es liegt an ihm, nur an ihm. Vor vier Jahren hat seine Freundin ihn verlassen, er wird wohl noch eine Weile brauchen, um darüber hinwegzukommen, weil sie nämlich seine große Liebe war. Aber immerhin bin ich «das netteste Zwischenspiel» seines Lebens.

Elender Wichser, fick dich ins Knie. Lass dich nie wieder bei mir blicken, du Scheißkerl, ich brauche dich nicht, kein bisschen. Hast mich doch gar nicht verdient, Arschloch. Und sooo umwerfend gut war der Sex mit dir nun auch wieder nicht, wirklich nicht. Pah, es gibt noch tausend andere, phantastische, intelligente, witzige Typen, die mich wollen, weil auch ich phantastisch, intelligent und witzig bin!!!

Leider scheitere ich kläglich mit meinen Versuchen, mich selbst aufzumuntern, aber darin war ich noch nie sehr gut, deshalb krame ich die Liste raus, die Anna mir nach einem heftigen Liebeskummer-Besäufnis vor ein paar Jahren gemacht hat. Wodka-Lemon werde ich wohl nie wieder trinken können, aber die Liste hüte ich. Es stehen ein Haufen schlauer Sprüche drauf, die mir in meiner momentanen Situation behilflich sein müssten:

✔ **Männer gibt's wie Sand am Meer!**
✔ **Andere Mütter haben auch schöne Söhne!**
✔ **Liebeskummer lohnt sich nicht, my darling**
   (schade um die Tränen in der Nacht, o yeah)!
✔ **Nur nicht aus Liebe weinen, es gibt auf Erden**
   nicht nur den einen!

Ich starre die Liste an und heule noch viel mehr. Ist ja alles schön und gut – aber ich will die tausend anderen Kerle nicht. Ich will keinen Sand und kein Meer, ich will keinen schönen Sohn, und, verdammt nochmal, ich kann nachts heulen, so viel ich will! Weil ich nämlich nur den blöden Arsch will, der sowohl meine Lebensmittel als auch meine Liebe ablehnt. Er ist der Mann meines Lebens, ich weiß es genau.

In den nächsten Wochen geht es mir schlecht. Ich höre nur traurige Musik, während ich durch die Wohnung schleiche, und sehe sehr schlecht aus, weil meine verquollenen Augen trotz der Schwarzteebeutel und Eiswürfel gar nicht mehr abschwellen. Und ich grüble jede Minute, jede Sekunde jedes einzelnen, verdammten, langen Tages darüber nach, was ich falsch gemacht haben könnte. Damit ich es ändern kann. Damit er einsieht, dass ich doch die perfekte Frau für ihn bin. Irgendwann gehe ich wieder aus, weil es zu Hause für mich nichts mehr zu tun gibt, außer komplett durchzudrehen und die Fenster nochmal zu putzen, aber noch immer kreisen alle meine Gedanken um ihn und meine Fehler, die ihn vertrieben haben. Als ich ihn dann auf einer Party sehe, heftigst mit einer Freundin von mir knutschend, bricht die Welt nochmal für mich zusammen, und auch dafür gebe ich mir die Schuld. Wäre ich nicht so blöd, peinlich, unzulänglich, hässlich und uncool, dann hätte er bei mir bleiben können und müsste sich nicht quer durch die Weltgeschichte vögeln.

VARIATION 3: Ich verlasse ihn
c) nach längerer Beziehung

Yes, I said it's fine before
but I don't think so no more
I said it's fine before
I've changed my mind
I take it back

THE CARDIGANS
«ERASE / REWIND»

Irgendetwas passt mir nicht mehr.

Ich weiß nicht genau, was, aber ich habe schlechte Laune deswegen. Ich bin gereizt, alles und jeder regt mich auf. Und vor allem er, er kann mir nichts mehr recht machen. Das heißt, er könnte schon, wenn er sich ein bisschen Mühe geben würde, aber das fällt dem Herrn nicht im Traum ein. Hat er jemals Frühstück für mich gemacht? Hartes Brot und verschimmelte Aprikosenmarmelade zählen dabei aber nicht – also: nein. War je was anderes außer Bier zu trinken im Haus? Leitungswasser und Apfelkorn sind von der Wertung ausgenommen – also auch: nein.

Ich suche noch eine Weile nach den Schmetterlingen in meinem Bauch, die früher sofort anfingen zu flattern, wenn ich nur an ihn dachte. Aber sie sind abgehauen, vielleicht sogar tot. Jedenfalls kriege ich bei dem Gedanken an ein Wochenende ohne ihn mehr freudiges Herzklopfen als bei der Vorstellung von zwei Tagen Zweisamkeit in dem Dreckstall, den er stolz «mein Reich» nennt.

Klar, er sagt dauernd: «Mein Schatz, ich liebe dich so sehr», aber das glaube ich niemandem, der mir mein Geburtstagsgeschenk überreicht, indem er «Ach so, ja» murmelt und auf eine Plastiktüte mit Kassenzettel zeigt. Ohne hinzugucken, denn mit einem Joint im Mundwinkel versucht er gerade, vom Computer aus die Weltherrschaft an sich zu reißen. O Captain, mein Captain! Scheißegal, wie teuer das Geschenk auch war.

Klar, er sagt dauernd: «Ich brauche nur noch dich», aber ich traue niemandem, der schon mal vier Freundinnen gleichzeitig hatte, von denen drei auch noch Sylvia hießen. Und superstolz drauf ist, weil das total praktisch war, er musste nie wegen der Namen aufpassen, grad beim Sex und so war das von großem Vorteil …Wer weiß, was er denen erzählt hat? Gut, ich glaube nicht, dass er mich betrügt, dazu müsste er aus dem Haus gehen und eventuell die Weltherrschaft opfern – aber vielleicht lässt er ja liefern? Von seinem nervigen Womanizer-Cousin, dem zweiten Anwärter auf die Herrscherwürde, ganz bequem frei Haus direkt auf die Couch!

Klar, er sagt dauernd: «Ich will ein Kind von dir», aber wenn er mich wollte, würde er wissen, dass das mit dem Kind überhaupt nicht drin ist, und diese Tatsache akzeptieren, statt bei seiner Mutter selbst gestrickte Babyjäckchen in Auftrag zu geben. Oder sind da doch noch drei andere mit meinem Namen, zwei davon schwanger??

Ich werde also immer gereizter.

Lasse mich nicht anfassen, weil meine Haare nicht gewaschen sind.

Rufe nicht an, und wenn er es tut, bin ich kurz angebunden, versuche, einen Streit zu provozieren.

Sage nur: «Ach ja?!», wenn er sagt, dass er mich liebt, und das so gelangweilt, wie ich nur kann.

Will mich nicht mit ihm treffen.

Verweigere jede Form von Sex. Der Gedanke, mich von ihm anfassen zu lassen, verursacht mir Übelkeit.

Liege nur noch vor dem Fernseher, jammere, dass ich krank bin und alles Scheiße ist und er gefälligst weggehen soll, weil es seine Schuld ist.

Bin so lange unausstehlich, bis er endlich Schluss macht, und ich mich mit einem erleichterten «Na endlich!» auf den Lippen wieder meinem eigenen Leben zuwenden kann. Ich bin eine unfaire Hexe, das weiß ich schon, und manchmal habe ich ein schlechtes Gewissen. Aber nicht oft, schließlich ist er selbst schuld. Hätte er was zum Frühstücken dagehabt, wäre es vielleicht anders gekommen. Und da sind ja vielleicht noch die drei anderen, die ihn trösten können.

VARIATIONEN

VARIATION 4: Ich verlasse ihn
d) es war wirklich nichts Ernstes

Wenn ich wollte
wenn ich wollte könnt' ich wirklich
doch ich will dich nicht
nein ich will dich nicht

SELIG «WENN ICH WOLLTE»

«Hör mal zu», sage ich am Telefon und kaue nervös auf meiner Unterlippe herum.

Weil ich Anrufe wie diesen hasse. Weil es böse ist, so etwas zu tun.

«Du bist wirklich sehr nett, aber das mit uns, das kann nichts werden.»

Er sagt nichts.

«Weißt du, es liegt nicht an dir. Es liegt an mir», lüge ich mit denselben Worten, mit denen auch ich schon zu oft belogen wurde. «Ich habe gerade eine Beziehung hinter mir, die wirklich schlimm war. Ich kann mich noch nicht wieder binden.»

Er sagt immer noch nichts.

«Es wäre dir gegenüber nicht fair. Ich bin einfach noch nicht so weit. Ach, hätten wir uns doch nur später getroffen», jammere ich, als wäre in diesem Spiel ich die Verliererin.

Er sagt nichts.

«Also, es tut mir schrecklich Leid. Aber wir können uns gern mal treffen, einfach so, okay?», schlage ich scheinheilig vor.

Hoffentlich geht er nicht darauf ein, bitte, bitte, bitte.

«Lass uns Freunde bleiben, mir liegt sehr viel an dir», schleime ich so vor mich hin.

Er sagt nichts.

«Du, ich muss aufhören, mein Nudelwasser kocht. Aber ich meld mich bei dir, versprochen!» Ich lege auf und seufze erleichtert. Es ist gemein zu lügen, und er ist wirklich ein netter Kerl, der es nicht verdient hat, so schlecht behandelt zu werden. Aber so was von anhänglich und schwer von Begriff, hätte ich das gewusst, als ich ihn zum ersten Mal gesehen habe, mit seinen blauen Augen und der Bierflasche in der Hand an die Bar gelehnt, hätte ich mich niemals auf etwas eingelassen. Obwohl – doch, er war schon sehr niedlich und ich schon eine ganze Weile allein … Zum Glück war er dann doch wieder nicht zu niedlich, dann hätte ich nicht anrufen können, sondern hätte ihm so einen grässlich verlogenen Brief schreiben müssen, in der Hoffnung, ihn dann mindestens zwei Monate, aber am besten mein Leben lang nicht zufällig zu treffen. Eine Sache im Sande verlaufen lassen, heißt das, glaube ich. Wirklich nicht sehr nett. Nur, was soll ich machen?? Zu mir ist ja auch noch keiner netter gewesen – das ist eben die Realität.

In der Nacht träume ich dann schlecht: Ich stehe wegen unfairen Schlussmachens vor Gericht, und alle meine Freunde sitzen im Zuschauerraum, sie tuscheln und schütteln die Köpfe. Die Jury, bestehend aus den Beratungstanten sämtlicher führender Frauenzeitschriften, ist entsetzt über meine Untat und wendet sich angeekelt von mir ab. Hat denn die jahrelange Lektüre von Artikeln wie «Fair sein beim Schlussmachen» und «Schluss ohne Schmerz» nichts genutzt??? Offensichtlich nicht. Und da kann das Urteil nur «schuldig» lauten. Richterin Barbara Salesch spricht es mit größter Genugtuung aus, mit strahlendem Lächeln, fröhlich mit ihrem Hämmerchen auf den Tisch klopfend: Niemals darf ich glücklich werden in einer Beziehung!
Schweißgebadet wache ich auf und kann mir nicht mal Leid tun, denn irgendwie habe ich ein bisschen Strafe verdient.

CHAT: ANDY

ANGST - LIEBE - SCHMERZ

Ich hab es, wenn ich zur Ruhe komme und Zeit habe nachzudenken. Ich mag das Gefühl - aber nicht immer. Ich verbinde es z.B. mit Angst, wie damals, als ich das Auto meiner Eltern kaputtgemacht habe.
Überwältigt hat es mich, als ich erfahren hab, dass ich endlich den Motorrad-Schein machen kann.

Herzrasen ist ...?

Man denkt dabei an etwas Bestimmtes, und es versetzt einen in eine Art Rauschzustand. Es ist entweder ein wohliges Gefühl oder ein Angst-gefühl, und man hat 1000 Gedanken gleichzeitig.

Herzrasen sieht aus ...?

Rot.

Herzrasen hab ich ...

Wenn ich an meine Ex denke - es tut weh!

Herzrasen bekommt von mir ...?

Ich muss einfach ich sein, dann kommt alles von allein.
Ich denke, dass Herzklopfen jeder haben sollte! Dann weiß man, was man vom Leben hat in Sachen Liebe.
Manchmal tut es weh -
aber man lernt.

(Fortsetzung Seite 156)

HERZ-
RASEN

HERZ-
STILLSTAND

◄◄ NICOLE REUTER / ANNA LANGE

■ *Sara Schmiedel* ■

PROF. DR. GOTTHILF GLEITSICHTGLAS:

MEDIZINISCHES GRUNDWISSEN

HEUTE: *Herzrasen und Hinweise zur Ursachenbekämpfung*

Wenn wir von Herzrasen sprechen, meinen wir eine unter zivilisierten Homo sapiens weit verbreitete Nebenerscheinung des Sichverliebens. Diese gefährliche, weil schwer heilbare, ich möchte sagen Krankheit, befällt männliche und weibliche Menschen.

Im Säuglings- und Kleinkindalter tritt sie selten bis nie auf, erreicht jedoch unter früh- bis spätpubertierenden Jugendlichen ihr erstes Rekordhoch. Die Betroffenen klagen über Schwindel und Halluzinationen. Weiterhin können gesteigerte Sekretaustritte an den Handinnenflächen und dem mittleren Stirnbereich sowie eine vermehrte Produktion geschlechtsspezifischer Duftstoffe beobachtet werden.

Für Forschungszwecke wurden den Betroffenen in isolierten Gummizellen Photographien von verschiedenen andersgeschlechtlichen Artgenossen gezeigt. Die Reaktionen bestanden neben den oben genannten Symptomen in nicht wenigen Fällen auch aus der Vergrößerung der Pupillen und der Verweigerung des Lidschlusses – ähnlich wie nach dem Konsum des Halluzinationspräparates Marihuana.

Zum Vermeiden derart besorgniserregender Zustände empfiehlt es sich, die gefährdeten Individuen zu isolieren und jeglichen Kontakt – in einigen Fällen auch zum eigenen Geschlecht! – zu unterbinden.

Da diese Isolationsmaßnahmen auf heftigen Widerstand der Betroffenen stoßen, kann von einer Bannung der Krankheit – man ist versucht, sie Seuche zu nennen – nicht die Rede sein. Doch die Gefahren für Betroffene und deren Umwelt sind verheerend:

Durch wiederholt auftretende Schwindelanfälle, Sehstörungen und Verwirrungszustände kommt es nicht selten zu Kollisionen der Kranken mit Passanten, Hunden oder Laternenpfählen. Im Delirium Fallende suchen Halt an Angehörigen, Tischdecken oder Gardinen und ziehen sich dabei Verletzungen zu, die von leichten Abschürfungen bis hin zu schweren Frakturen reichen. Je nach Schwere des Krankheitsbefalls ist intensive pflegerische Betreuung gefragt.

Nun stellt sich die bange Frage: Wie viele Unschuldige wird es noch treffen?

Eine Antwort auf diese Frage ist unmöglich – in Ihrem höchsteigenen Interesse muss ich Sie daher bitten: Schützen Sie sich und andere! Nähert sich Ihnen ein potentieller Krankheitsauslöser, verharren Sie nicht in verstörter Starre! Versuchen Sie die Flucht, solange Sie können – denn einmal infiziert, ist es zu spät!

- Anna Stacher -

Was im Leben

WIRKLICH

zählt

Das durchdringende Kreischen des Weckers reißt sie aus dem Schlaf. Nach einer kurzen, schlaftrunkenen Desorientierung stellt sie fest, dass sie sich nicht im Prunksaal von Schloss Windsor befindet, sondern in ihrem nicht gerade vergleichbaren Schlafzimmer. Dann wird sie richtig wach – ein Blitz durchzuckt ihre Glieder: *Es ist so weit! Endlich! Die Hochzeit findet heute statt!*

Seitdem die feenhafte Schönheit diesen Gott von adeliger Würde und männlichem Stolz zum ersten Mal gesehen hat, lebt sie nur für diesen Tag; seit der Verlobung ist sie, trunken vor Vorfreude, auf nur für sie sichtbaren rosa Zuckerwattewolken gewandelt. In Dutzenden Tag- und Nachtträumen hat sie die bewegenden Stunden der Trauung minutiös durchlebt, sündige Träume von Hochzeitstorte und -nacht genossen.

Mit einem Jauchzer, der jeder Opernsängerin Ehre gemacht hätte, springt sie aus dem Bett und tänzelt leichtfüßig ins Badezimmer. Kurz darauf ist sie auch schon vor der Türe, den freundlich grüßenden Nachbarn überhört sie mit geübter Ignoranz. Nach einem kurzen, jeglicher Anmut trotzenden Sprint, bei dem sie nur knapp ein ahnungslos sein Geschäft verrichtendes Hündchen verschont, erreicht sie schnaufend ihr Mekka.

Aus dem Schatten heraus händigt ihr der Mann unaufgefordert die Ware aus, die sie zum Überleben braucht: «Gala, Die Welt der Adligen» und, das teure Goldstück aus England, «Hello!»

«Heute ist der große Tag, nicht wahr?», fragt der Verkäufer wohlwissend, doch sie hat sich bereits abgewendet und liest selig lächelnd über Glück und Schicksal der Stars.

Zufrieden betritt sie schließlich wieder ihr Heim. Beim Frühstück sinniert sie über den gravierenden Unterschied zwischen neureichen Hollywood-Diven und den edlen europäischen Adelsgeschlechtern. Sie stellt wieder einmal fest, dass Letztere die unter bürgerlichen Stars so verbreiteten publicityheischenden Skandale ob ihrer hohen Abkunft nicht nötig haben. Zumindest nicht wirklich.

Nach dem Essen schielt sie auf die Uhr und stellt mit Wohlbehagen fest, dass ihr Herz jetzt schon schlägt! Es ist ihr nicht möglich, sich auch nur eine Sekunde länger auf ihre Lektüre zu konzentrieren: Sie springt auf und schluckt mehrere Beruhigungstabletten. Mit zittrigen Händen poliert sie dann ihre Prinzessin-Diana-Büste und arrangiert ein letztes Mal die Blumen in den zahlreichen Vasen, die in der ganzen Wohnung aufgestellt sind. Dann nimmt sie den Telefonhörer von der Gabel und legt ihn auf den kleinen Glastisch.

Bedächtig schreitet sie in ihr Wohnzimmer. Sie setzt sich in ihren abgewetzten Polstersessel, zupft die bestickten Kissen zurecht und atmet tief durch. Endlich schaltet sie den Fernseher ein.

■ *Melanie Khoshmashrab* ■

« **Bitte**
ZURÜCKTRETEN »

Ein dumpfer Schlag reißt mich aus meinen Gedanken, man schubst mich Richtung Gleis. Massen von Leuten haben sich auf dem Bahnsteig versammelt, es ist Viertel nach fünf: Rushhour. Die Leute strömen aus ihren Büros.

Verzweifelt versuche ich, an meinen Rucksack zu kommen, um eine Brezel rauszuholen, die sich schon seit Tagen im Seitenfach verkrümelt. Ein älterer Mann quetscht sich an mir vorbei, ich komme ins Schleudern und kann mich gerade noch rechtzeitig wieder fangen, bevor ich auf die Frau falle, die mich schon seit Minuten mit einem durchdringenden Blick anstarrt. Sie ist mittleren Alters und trägt einen modischen Kurzhaarschnitt. Über den Rand ihrer Brille hinaus sehe ich ihre schwarzumrandeten Augen, die an mir hoch- und runterwandern.

Ihre Gedanken kann ich förmlich lesen. Also, ich finde mich heute okay, eigentlich so wie immer, na ja, vielleicht sind die Turnschuhe alt, aber der Rest ist doch wirklich ganz gut.

Mit letzter Kraft gelingt es mir, die zerknüllte Tüte aus der Tasche zu ziehen. Die Krümel übersäen nun meinen ganzen Rucksack. Aus dem Augenwinkel nehme ich wahr, wie jemand den Kopf schüttelt. Ich wage nicht, die Person anzuschauen.

Als ich endlich die zerbröselte Brezel aus der Tüte gezerrt habe, tippt mich jemand von hinten an: «Entschuldigung, ist das die S-Bahn in die Stadt?»

Etwas entnervt nicke ich kurz, ohne in das Gesicht des Fragers zu blicken. Ich beiße in die Brezel, sie schmeckt wie Pappe. Ohne es wirklich wahrzunehmen, esse ich sie auf.

Ich blicke mich um, und meine Augen tasten die Umgebung nach einem Mülleimer ab, leider ist der Blick an den meisten Stellen verstellt. Ich muss mich wohl oder übel noch einmal durch die Leute drängeln. Wie ich das hasse. Ich könnte den zusammengeknüllten Rest der Tüte ja auch einfach still und heimlich neben mir fallen lassen, um ihn dann mit einer locker geplanten, rein zufälligen Bewegung in Richtung Gleis zu treten. Aber nein, mein Gewissen verbietet das. Außerdem steht dort vorne dieses Monster von Frau, die es nur darauf abgesehen hat, mir eine Straftat nachzuweisen. Ja, am Ende bringt sie mich noch wegen Erregung öffentlichen Ärgernisses zur Bahnpolizei. Nein, dieses Risiko kann ich nicht eingehen. Dann doch lieber durch die hektische Masse, vorbei am schweißtriefenden Arbeiter, der in Parfum getränkten Businessfrau, dem Obdachlosen und schließlich dem Dreizehnjährigen mit seinem Kickboard.

Ich stehe da und kann mich nicht entscheiden, wohin. Mitten zwischen den Leuten. Jemand schlägt mir durch Zufall die Zeitung ins Gesicht. Von überall schallt durchdringender Lärm. Ich halte es nicht mehr aus, die Wortfetzen vermischen sich in meinem Kopf, hallen in meinen Ohren nach. Das soll aufhören, ich will endlich Ruhe, Mist, wann kommt denn endlich diese verdammte S-Bahn! Selbst meine Gedanken werden von den Lächerlichkeiten, die die Leute sich erzählen, übertönt. Alles oberflächlich.

Oberflächlich, denke ich, doch ich werde schon wieder abrupt aus meinen Gedanken gerissen. «Ey, guck mal, die geile Alte!»

O nein, das hat mir gerade noch gefehlt, ich kneife ganz

fest die Augen zu und versuche, mich geistig wegzubeamen.

«Was hat die denn? Lass die Zicke.»

Gott sei Dank, Gefahr gebannt. Doch die Beschallung von allen Seiten hört nicht auf, wird immer lauter. Immer mehr Leute strömen auf den Bahnsteig, die Luft ist zum Schneiden dick, Schweiß, billiges Parfum und Kaffee strapazieren meinen Geruchssinn. Mein Kopf fängt an zu dröhnen, meine Nerven sind zum Zerreißen gespannt. Ich presse meine Finger gegen die Schläfen, wünsche mir nichts sehnlicher als Ruhe. Gleich platzt mein Kopf, ich spüre es, gebe den Mülleimer auf und kämpfe mich endlich bis zur Treppe durch. Mit letzter Kraft lasse ich mich auf eine mit Kaugummi und anderen undefinierbaren Dingen verschmierte Stufe fallen, lehne meinen Kopf gegen das bräunliche Geländer.

Ich fühle mich schwach, wie eine alte Frau, schließe die Augen. Der durchdringende Schmerz in meinem Kopf lässt nicht nach. Er pocht und reißt all meine Gedanken mit. Ein Albtraum, ich will aufwachen. Hass auf all die Menschen hier überkommt mich ganz plötzlich, meine Kehle schnürt sich zu ... ich habe Angst, bin verwirrt. Kauere mich zusammen, will immer kleiner werden, verschwinden. Vermutlich nimmt mich sowieso niemand wahr, hier sieht doch niemand den anderen, jeder ist allein. Nie war mir meine Einsamkeit bewusster als in diesem Moment.

Gedämpft vernehme ich die monotone Stimme, die den nächsten Zug ankündigt. Es könnte meiner sein, doch habe ich nicht mehr die Kraft aufzustehen. Erneut tippt mich jemand an, ich stelle mich schlafend, will nichts mehr gefragt werden. Tausend andere Leute sind hier, sollen die gefragt werden. Fast schlafe ich wirklich ein. Jemand rüttelt an mir, verschwommen nehme ich wahr, dass der Bahnsteig leerer geworden ist. Ich bin noch benommen, aber die Stimme spricht weiter. Sie klingt warm, und plötzlich verstummen alle Geräusche um mich herum. Desorientiert öffne ich die Augen und sehe einen jungen Mann. Sicherheit durchströmt mich. «Kommen Sie», nimmt er meine Hand, «Sie wollten doch auch in die Stadt, oder?»

■ *Isabel Dittmann* ■

Eine botanische

ANGELEGENHEIT

Annabel Bloch war eine in Botanikerkreisen wohl bekannte Frau. Bekannt für ihre Hortensien *Hydrangea otaksa*, ihre Tulpen *Lord Holland*, ihre Prachtlilien *Lilium speciosum* und, ihren ganzen Stolz, *Blue Lawn*, eine Züchtung blauer Gräser, deren Besonderheit es war, nur unter gewissen Bedingungen zu gedeihen. Annabel Bloch war Pflanzenforscherin im Ruhestand und liebte ihre Blumen über alles, aber am meisten liebte sie ihren blauen Rasen. Er schmückte ihren gesamten Hintergarten wie ein seidiger basaltfarbener Teppich und verlieh dem Garten und ihrem Haus sowie dem von großen Stauden umwucherten Gewächshaus eine surreale Atmosphäre.

Eines Tages im Spätsommer, der blaue Rasen hatte dank ihrer Bemühungen eine beträchtliche, aber immer noch gepflegte Halmhöhe erreicht, musste sie jedoch verreisen. Sie beschloss, den Garten in der Obhut ihrer Haushaltshilfe zu lassen.

Es war Spätsommer, die Temperaturen waren hoch. Nach ein paar Tagen verspürte die Haushaltshilfe ein leichtes Herzdrücken und bat darum ihre Nichte, Fräulein Milla, nach dem Garten zu sehen. «Die Anweisungen findest du im Lesezimmer», erklärte sie am Telefon. Und Fräulein Milla hatte genickt und war ein wenig ratlos gewesen, denn Babysitter für einen Garten war sie noch nie gewesen und schon gar nicht für den einer Pflanzenforscherin im Ruhestand. Aber sie hatte schon mal die Kakteen ihrer Nachbarin gegossen, als diese im Urlaub war, und die Pflege eines Gartens konnte doch nicht so verschieden sein. Zuversichtlich ging Milla also ins Lesezimmer, um sich die Anweisungen anzusehen.

Ein Stapel Zeitungsausschnitte und eng beschriebene Papiere lagen auf dem Schreibtisch, die Wände waren voll mit botanischen Büchern und Bildern von exotischen Blumen. Es dämmerte, und Fräulein Milla beschloss, den Garten zu wässern – so etwas tat man ihres Erachtens am Abend. Doch sie konnte keinen Gartenschlauch finden, was sie sehr wunderte, also klingelte sie am Nachbarhaus.

Ein junger Mann in Fräulein Millas Alter öffnete die Tür. «Ja, bitte?»

«Ich bin Fräulein Milla», sagte Fräulein Milla verlegen, «und ich kümmere mich um Frau Blochs Garten. Hätten Sie zufällig einen Gartenschlauch?»

Sie kam sich ein wenig seltsam vor, aber der Mann lächelte freundlich und sagte: «So ein Zufall! Ich bin auch nur hier, um mich um den Garten meiner Großeltern zu kümmern. Ich leih Ihnen gerne den Gartenschlauch, aber ich brauche ihn morgen selbst wieder. Soll ich Ihnen den Schlauch eben rüberbringen?»

Und so schleppte der junge Mann den Gartenschlauch für Fräulein Milla in Frau Blochs Garten und half ihr beim Bewässern des Rasens, der Stauden und der Pflanzen im Gewächshaus.

«Übrigens, ich bin Lars», stellte er sich Fräulein Milla vor. «Beeindruckende Sammlung, die Ihre Tante hier hat», kommentierte er dann, und Fräulein Milla erklärte ihm, dass Frau Bloch nicht ihre Tante war, die Sammlung aber trotzdem beeindruckend sei und Lars ruhig «du» zu ihr sagen könne.

Lars lachte. «Na gut, Milla! Hast du denn heute Abend schon etwas vor? Es ist doch sicherlich langweilig, so ganz allein in einem Haus, das nicht deiner Tante gehört!»

Milla hatte natürlich noch nichts vor.

«Prima», sagte Lars, «wir könnten türkische Pizza essen gehen!»

Sie fuhren mit Fräulein Millas kleinem Auto in die Stadt und aßen türkische Pizza und redeten über Pflanzenforscher und Fräulein Milla und Großeltern und Lars und Tanten und blauen Rasen. Und dann fuhren sie wieder zu Frau Blochs Haus und setzten sich auf die Terrasse.

«Ziemlich abgehoben, dieser blaue Rasen», murmelte Lars. In der Dunkelheit sah der Garten noch verwunschener aus. Und Fräulein Milla nickte, aber sie war sehr müde von dem anstrengenden Tag und sorgte sich um ihre Tante, also verabschiedete sie sich von Lars.

«Mir geht's wieder besser, Herzchen», sagte die Tante am Telefon. Aber sie war noch sehr matt und bat ihre Nichte, noch ein paar Tage bei Frau Blochs Blumen zu bleiben. Fräulein Milla stimmte zu, schließlich mochte sie den Garten und ihre Tante und auch ein bisschen Lars.

Dann setzte sich Fräulein Milla ins Lesezimmer und blätterte in den Büchern. Annabel Bloch hatte damit begonnen, ein Botanikbuch zusammenzustellen. Es war interessanter, als Fräulein Milla geglaubt hätte. Die Hortensie beispielsweise wurde nach der japanischen Geliebten des Pflanzensammlers und Japanreisenden Phillip Franz Siebold benannt. *Hydrangea otaksa.* Seine Geliebte hieß O-Taki San, und die Behörden untersagten es ihnen, zu heiraten. Daraufhin ließ sich die junge O-Taki San einen Pass als Prostituierte ausstellen, um ihrem Geliebten nahe sein zu dürfen. Auch die Prachtlilie hatte Phillip Franz Siebold aus Japan mitgebracht. *Lilium speciosum.*

Über den blauen Rasen hatte Annabel Bloch noch nichts geschrieben. Nur ein paar flüchtig hingekritzelte Randnotizen – offensichtlich die so genannten Anweisungen.

«Abends und frühmorgens bewässern. In der Mittagshitze Sonnenschirme aufspannen, um die direkte Sonneneinstrahlung zu verhindern. Auf keinen Fall mähen. Weitere Anweisungen für Gewächshausblumen am Notizbord.» Frau Blochs Handschrift war zierlich, und die Buchstaben sahen beinahe selber aus wie Blumen. Fräulein Milla war nun neugierig und beschloss, mehr über den delikaten *Blue Lawn* herauszukriegen, der noch nicht einmal pralle Sonne vertrug.

Im Bücherschrank fand sie ein Buch über Gräser und nahm es mit ins Gästezimmer. Der blaue Rasen, stand dort, war eine Kunstzüchtung. Im 18. Jahrhundert hatte ihn ein Lord Winchester zur Umrahmung seines Lavendels in seinem Lustgärtchen gezüchtet und dafür einige Pflanzenpreise der Royal Horticultural Society erhalten. *Blue Lawn* war trotzdem nie weit verbreitet worden, da seine Pflege besondere Mühen verlangte und den Gärtnern Saaten um Saaten verkümmerten.

Der blaue Rasen durfte unter keinen Umständen gemäht werden, da er erst Ende des Sommers seine Blüten auf den Halmspitzen entwickelte; sonst würde keine Aussaat der Samen erfolgen. Schöne Blumen stutzte man ja auch nicht, bevor sie Blüten ansetzten. Fräulein Milla gähnte. Es war spät und sie beschloss, schlafen zu gehen.

Die ersten Sonnenstrahlen kitzelten Fräulein Millas Nasenspitze, aber sie zog es vor, weiterzuschlafen. Erst später wurde sie von ihrem schlechten Gewissen geweckt: Sie hatte das morgendliche Bewässern verschlafen.

Nebenan im Garten der Großeltern von Lars brummte ein Rasenmäher. Sehr pflichtbewusst, dachte Milla und zog sich an, um rauszugehen. Es war ein weiterer heißer Tag. Fräulein Milla öffnete die Terrassentür, um in den Garten zum Gewächshaus zu gehen und die Hortensien zu versorgen.

«O NEIN!!!! Laaaaaaaaaaars!!!»

Voller Entsetzen stand Milla inmitten des blauen Rasens. Eine große Fläche war abgemäht. Eine Fläche in Form eines Herzens.

Lars' Kopf erschien über der Hecke. Er wirkte sichtlich verlegen. «Aber Milla, ich wollte doch nicht ... ich hab doch nur ... ich habe heute morgen dir zuliebe den Garten gesprengt, weil du noch schliefst, und dann dachte ich, der Rasen müsste auch mal wieder gemäht werden, und ...»

Fräulein Milla stand sprachlos da und starrte abwechselnd auf Lars und den blauen Herzrasen.

«... das Herz, weißt du, ich dachte, du fühlst genauso ... ich werde den Rest auch noch wegmähen, keine Sorge, es war doch nur ...!» Lars guckte betreten.

«Neeeeeeeein, nicht noch mehr mähen! Es geht doch nicht um das Herz!!!» Milla war noch immer entsetzt. Die arme, arme Frau Bloch! Es war alles ihre, Millas, Schuld.

«Lars, das Herz ist kein Ding, das ist sogar sehr charmant von dir, aber ...»

«Was denn aber?», fragte Lars. Er wirkte erleichtert.

«... aber der blaue Rasen darf niemals, unter gar keinen Umständen, vor dem Herbst gemäht werden! Sonst kommt es nicht zur Aussaat seiner Samen!»

CHRISTOPHER SLAWIK ➤ ➤

Lars war das Ganze sehr peinlich: Beim Anblick eines Herzens in ihrem blauen Rasen würde Frau Bloch garantiert keine Freudensprünge aufführen ...

«Dieser Rasen ist unheimlich wertvoll», murmelte Milla nun verzweifelt, «wie sollen wir das Frau Bloch ersetzen?»

«Wir? Nein, Milla, es ist doch meine Schuld ... ich bin wirklich bescheuert! Aber wie kann Frau Bloch auch so etwas Wertvolles einfach in ihrem Garten haben!»

«Weil sie sich normalerweise immer selber darum kümmert und weil sie Botanikerin ist. Was machen wir jetzt bloß?»

Die beiden setzten sich hin und grübelten.

«Wir müssen systematisch vorgehen», meinte Fräulein Milla nach einer Weile angespannter Stille. «Aus welchem Grund entsteht eine kahle Stelle auf einem Rasen?»

«Weil ein Idiot ein Herz reinmäht vielleicht?», schlug Lars vor.

Fräulein Milla lachte. «Das zwar auch, aber warum noch? Außerirdische? Heuschreckenplage? Waldbrand? Ein neues Beet?»

«Ein neues Beet wäre doch eine Idee», meinte Lars. «Wenn wir etwas Außergewöhnliches auf diesen Fleck pflanzen, wer weiß, vielleicht verzeiht sie uns nochmal!»

«Und das wäre?»

«Blumen aus ihrem Gewächshaus???»

«Neeeein, auf keinen Fall! Da rühre ich nichts mehr an, ich schwöre es! Aber», sie zögerte kurz, «ich habe vielleicht eine Idee. Gestern Abend habe ich etwas von einem Lord, seinem Lavendel und der Zucht des *Blue Lawn* gelesen ...»

Und Fräulein Milla erklärte Lars ihren Plan.

Eine Woche später kam Annabel Bloch zurück. Lars und Milla erwarteten sie.

«Schön, zurück zu Hause zu sein!», freute sich Frau Bloch, und mit einem freundlichen Blick auf Lars sagte sie: «Ihr Freund, nehme ich an, Fräulein Milla?»

Milla nickte, und Frau Bloch nickte wissend, um dann zielstrebig auf die Gartentür zuzugehen. Milla und Lars blickten sich an, ohne etwas zu sagen.

«Nanu ... mein blauer Rasen», rief Frau Bloch überrascht. Dort, wo der Herzrasen gewesen war, befand sich nun ein zierliches Beet mit Lavendel. Frau Bloch kniete sich daneben und begutachtete die Neuheit.

«Frau Bloch?», fragte Fräulein Milla besorgt, als diese nichts sagte.

«Wie bei Lord Winchester ...», murmelte Frau Bloch und richtete sich auf. «Hübsch, aber ... haben Sie das gepflanzt? Und vor allem, warum?»

«Nun, Frau Bloch», begann Fräulein Milla, «ich habe es gepflanzt, weil ...»

«... im Garten meiner Großeltern eine Maulwurfplage herrschte!», führte Lars ihren Satz zu Ende und deutete über die Hecke auf die Rasenfläche nebenan, die von drei Erdhäufchen geziert war. «Eins dieser Biester hat sich auch zu Ihnen verirrt und auf Ihrem kostbaren Rasen einen Haufen gebuddelt. Sie nehmen es uns doch nicht übel, dass wir den Schandfleck wieder verschönt haben?»

Frau Bloch betrachtete das Lavendelbeet intensiv. Diese Form war interessant ...

«Nein, gar nicht!», lächelte sie nun, «wie lieb von Ihnen beiden. Darf ich Ihnen für Ihre Mühen etwas Geld geben?»

«Nein, das können wir nicht annehmen», lehnten Fräulein Milla und Lars mit schlechtem Gewissen ab.

◂◂ **CHRISTOPHER SLAWIK**

«Doch, Sie nehmen das jetzt! Es mit Maulwürfen aufzunehmen, das kann nicht jeder!»

Und dann stiegen Lars und Fräulein Milla in Fräulein Millas kleines Auto und fuhren in die Stadt, um türkische Pizza zu essen.

Frau Bloch lächelte in sich hinein. Gärtnerisch gesehen hatte der sonst so empfindliche *Blue Lawn* einen Riesenvorteil: Maulwürfe mieden ihn weiträumig!

CHAT: IRIS

```
HERZRASEN ist LEBEN
LEBEN ist HERZRASEN

HERZRASEN ist FEUER fuer die Seele

IST UNHEIMLICH, UNHEIMLICH

IST GOTT SEI DANK
UNSICHTBAR?!
```

(Ende)

Die Jury-Mitglieder

Stephan Arbry, freier Fotograf

Jule Baehr, Art-Directorin Brigitte YOUNG MISS

Katrin Bergahn, stellvertretende Chefredakteurin Brigitte
YOUNG MISS

Andrea Bierle, Textchefin Brigitte YOUNG MISS

Françoise Cactus, Autorin, Sängerin und Schlagzeugerin
der Band STEREO TOTAL

Anne Coppenrath, Chefredakteurin Brigitte YOUNG MISS

Susanne Koppe, Literaturagentin und Lektorin, ehemals
«Rotfuchs»-Redakteurin im Rowohlt Verlag

Christina Modi, freie Buchgestalterin und Kalligraphin

Verzeichnis der Autorinnen und Autoren, Fotografinnen und Fotografen

Balkaya, Meltem, 20 Jahre, Zahnarzthelferin, *2. Preis
Fotografie/Anfänger*

Bohle, Hannah, 23 Jahre, studiert Germanistische Linguistik

Breuer, Susanne, 15 Jahre, Schülerin, *3. Preis Texte/bis 20*

Bünker, Bettina, 22 Jahre, hat an der Uni Niederlande-
Deutschland-Studien belegt und jobbt bei einer Zeitung

Corbo, Alka, 18 Jahre, geht in die 11. Klasse, *1. Preis Texte/
bis 20*

Dittmann, Isabel, 15 Jahre, Schülerin

Elfring, Inge, studiert im 5. Semester Mediendesign

Enzensberger, Alina, 16 Jahre, Schülerin, *3. Preis Fotografie/
Anfänger*

Fischer, Kai, 27 Jahre, studierte bisher Internationales
Informations-Management, jetzt Szenische Künste,
2. Preis Texte/ab 20

Frerichs, Stephanie, 18 Jahre, Schülerin

Frick, Marike, 21 Jahre, Studentin, *1. Preis Texte / ab 20*

Fuhrmann, Jasmin, 17 Jahre, Schülerin, *2. Preis Texte / bis 20*

Fuz, Eva, 17 Jahre, Schülerin

Gabriel, Iris, 20 Jahre, Auszubildende zur Werbekauffrau

Grone, Tina, 23 Jahre, studiert Architektur; ihr Bild zeigt «Was bleibt: Die Kassette, die mein Herz bewegt»; *2. Preis Fotografie / angehende Profis.* Tina Grone hat zum 2. Mal am Wettbewerb teilgenommen: Letztes Jahr gewann sie einen 3. Preis als Textautorin

Gross, Juliane, 15 Jahre, Schülerin

Hegemann, Silke, 28 Jahre, studiert Pflegepädagogik

Huppertz, Viviane, 16 Jahre, unterbricht ihre Schulzeit auf einem erzbischöflichen Gymnasium mit einem Austauschjahr in England

Jäckel, Julia, 24 Jahre, studiert Romanistik, Germanistik und Politik

Kindinger, Lia, 20 Jahre, stammt aus Griechenland und studiert Amerikanistik und Theaterwissenschaft

Koplin, Miriam, 21 Jahre, macht eine Ausbildung zur Logopädin

Khoshmashrab, Melanie, 19 Jahre, will Germanistik und Pädagogik studieren

Krüger, Ellen, 21 Jahre, macht eine Ausbildung zur Verlagskauffrau

Landwehr, Nora, 23 Jahre, studiert Kulturwissenschaften und Ästhetische Praxis, *3. Preis Fotografie / angehende Profis*

Lange, Anna, hat gerade ihr Studium der Literatur- und Kulturwissenschaft angefangen; die beiden Akteure wohnen in ihrer und Anna Langes Wohnheimküche und heißen Harry und Karl-Heinz

Latussek, Meike, 22 Jahre, studiert Literatur, Kunst und Medienwissenschaft

Lehmann, Nicole, 24 Jahre, studiert Germanistik und
Anglistik

Lochstedt, Malte, 25 Jahre, studierte erst Philosophie, jetzt
Mediengestaltung in Weimar

Mathieu, Christoph, 20 Jahre, Zivildienstleistender, möchte
Drehbuchautor werden

Piantoni, Laura, 25 Jahre, studiert Fotografie

Reuter, Nicole, ist Kommilitonin und Mitbewohnerin von
→ Anna Lange

Schmelzer, Daniel, 19 Jahre, Schüler

Schmiedel, Sara, 18 Jahre, Schülerin, schreibt gelegentlich
kleine Zeitungsbeiträge

Severen, Maren van, 17 Jahre, Schülerin

Slawik, Christopher, 17 Jahre, geht auf eine Fachoberschule
für Kunst und Gestaltung. Seine Herzcrew besteht aus
Anne, Steve, Robert und Tom. *1. Preis Fotografie/Anfänger*

Stacher, Anna, 19 Jahre, studiert Germanistik und Publizistik

Stein, Maren, 19 Jahre, Abiturientin

Tenhofen, Tanja, 20 Jahre, studiert Raumplanung

Tesdorff, Annabell, 17 Jahre, Schülerin

Ungersbäck, Claudia, 22 Jahre, möchte Kunstpädagogik
studieren

Vieli, Sylvia, 22 Jahre, will Theaterpädagogin werden,
3. Preis Texte/ab 20

Vollrath, Niels, studiert Design

Weisheit, Marcel, ist 21 und studiert Grafikdesign. Zu seinem
Bild inspirierte ihn der Satz «Und der Himmel hängt voller
Geigen», *1. Preis Fotografie/angehende Profis*

Wojczenko, Katharina, 18 Jahre, besucht die 12. Klasse eines
Gymnasiums und möchte Journalistin werden

**Die Herzbriefmarken stammen von der Einsendung
Alina Enzensbergers.**

Brigitte YOUNG MISS (Hg.)
Herzrasen
(21208)
Die schönsten Beiträge des
dritten Brigitte YOUNG
MISS-Wettbewerbes:
In diesem Buch erzählen
Jugendliche selbst packende
Geschichten über die Situ-
ationen des Lebens, die Dein
Herz zum Rasen bringen.
Die Geschichten sind so
überraschend wie die Fotos
zum Thema.

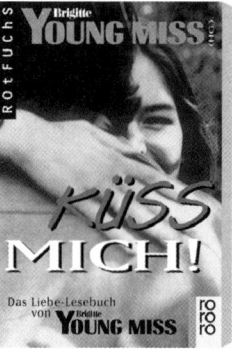

Brigitte YOUNG MISS (Hg.)
Küss mich!
(20970)
Die Liebe in all ihren
Facetten – ein Lesebuch
rund um die Themen Flirten,
Verlieben, Sex und Trennen.
Die schönsten Beiträge aus
der YOUNG MISS sind hier
versammelt sowie Kurzge-
schichten von Françoise
Cactus, Zoran Drvenkar,
Alexa Hennig von Lange,
Benjamin von Stuckrad-
Barre und anderen.

Brigitte YOUNG MISS (Hg.)
**Das Leben steckt voller
Überraschungen**
(21168)
Es kommen wieder junge
Autoren und Fotografen
zum Zug, diesmal mit
dem spannenden Thema
«Überraschungen».
Alltagsgeschichten stehen
neben Phantasiegeschichten,
Fotomontagen neben
Schnappschüssen.